불량주부
명랑제주
유배기

오십엔 제주가 제철이라지

불량주부 명랑제주 유배기

김보리 지음

푸른향기

에필로그 같은
프롤로그

부끄러워서 여행을 떠났습니다

부끄러워서 여행을 떠났어요. 제주에 다녀왔습니다. 벌이라면 짧고 상이라면 긴 시간, 30일.

'한 달 살기'라 말할 것을 '유배'라 부르며, 불량한 나를 분석하고, 한량한 나를 트레이닝하며 비관적인 나를 개조해보는 여행이 되길 바랐습니다. 이제 돌아보니, 적당히 수지맞은 여행이었어요. 떠날 때 찌그러진 마음이 조금 펴졌구요, 쪼그라든 키가 조금 자란 느낌이에요. 느슨하게 쪼여졌고, 어둡게 밝아 조금 적당한 오십 살이 되었습니다.

여느 잘 나가는 오십들처럼, 하던 일의 절정기쯤에 닿아 욕심 놓고 훌훌 긴 여행에 오르는 거라면 얼마나 좋을까요. 얼마나 당당할까요. 오십이 되어 돌아보니, 해놓은 것도 없이 몸도 마음도 습관도 감정도 다 못난 사람이 되어버렸더라구요. 감성지수는 우량하나 생활지수는 불량하고, 대면지수는 명랑하나 내면지수는 황량하며, 인성지수는 선량하나 비관지수는 치사량인 사람. 원래는 그런 사람이 아니었는데 말이에요. 아이들이 스무 살이 되면 새 마음으로 곧장 내 세상이 열릴 줄 알았는데, 웬걸요. 오래 길이 든 관계와 오래 들러붙은 비루한 일상은 쉬이 저를 놓아주지 않았습니다. 나를 꼭 쥐고 있는 그 무언가! 그건 바로, 나였어요. 다, 나의 일입니다. 저 깊은 곳의 나는 몸부림인데, 여기 바깥의 나는 꿈쩍을 않는 것이죠. 오래된 내가 새로 될 나를 놓아주지 않는 느낌. 존재를 지탱하는 줄 하나가 툭 끊어져 버린 느낌이 들고, 사는 데 기운이 잘 나지 않았습니다. 한심하고 하찮아서, 나를 향한 연

민과 비하가 도를 넘어서, 아래로, 아래로 자꾸만 가라앉아서. 무언가 딛고 설 만한 시간과 공간의 틈이 필요했습니다.

사는 건 쪼이고 마음은 펴고 싶었습니다. 나태한 몸은 다그치고, 조급한 마음은 뉘고 싶었습니다. 웅크리지 말 것. 불안하지 말 것. 습관 같은 슬픔을 떨치고, 끈질긴 죄책감과 적당히 협상할 것. 너무 느긋하지 말 것. 너무 편안하지 말 것. 몸이 바빠 마음이 게을러질 것. 몸이 고돼 마음이 덜 아플 것. 그리하여 연민과 비하는 이제 남의 것, 아니 없는 것. 그런 시간을 살아보려 제주에 다녀왔습니다. 모자라지만 괜찮은 여행이었어요. 젊지도 않고 늙지도 않은 나이에 혼자 하는 여행은 의외로 편안했습니다. 그리 특별할 것도 없는 무난한 여행, 그때의 마음을 엮었습니다. 하찮은 여행도 글이 되고 책이 될 수 있음은 제주가 좋기 때문이기도 하고, 혼자일 때 가장 진솔해지고 용감해질 수 있기 때문입니다. 그리 젊지 않고, 과히 늙지 않은 나이 오십은 '나'를 만나기에 적합한 나이인 듯합니다. 나다운 나에 좀 더 가까워지길 바라며, 더 많은 유배지와 유배의 날들을 꿈꿔봅니다.

차례

에필로그 같은 프롤로그

부끄러워서 여행을 떠났습니다 5

유배의 변

습관이 나빠서 유배 갑니다 14
입체가 될 거야 15
사랑과 전쟁은 이제 그만 16
남편 잘못 키운 죄로 유배 갑니다 17
대충 살았지만 떠나고 싶어요 19
오순이라 잔치합니다 21
지원세력이 든든해 유배 갑니다 22

유배 일기

D-1일	초록 치마 26	
	긴 여행을 하게 된다면 28	
1일	어서 와, 유배는 처음이지? 32	
2일	길을 잃어도 달콤한 곳, 제주 37	
3일	어느 꽃이어도 엄마는, 예뻐요 42	
	우두커니 오래, 기다리는 마음 45	
4-5일	객이지만 객을 맞는다 47	
	언니들과 제주를 나누니 좋았다 52	
6일	고슬고슬 모슬포 펌 55	
7일	브로콜리 너마저 60	
	모슬포, 독하고 해맑은 밤 63	
8-9일	청하지 않아도 오는 손님, 친구 68	
	추사관에서 아버지를 떠올리다 74	
10일	오늘 슬픈 집이 많겠다 79	
11일	굴렁지고 오시록헌 길을 꼬닥꼬닥 잘 걸었다 82	
	개 막혀서 길 막히니 기막히다 88	
12일	유일하게 예정된 손님, 남편이시옵니다 91	
	우도는 처음이라 94	

13일	우도는 아침과 저녁이 좋다	97
14일	날이 좋아 절에 가요	102
	짐을 줄이고, 장비를 새로 갖추고	106
15일	남편을 보내고, 다시 예전처럼	108
16일	오름 오르듯 살았으면 좋았을 걸	114
17일	세화에서 놀다	121
	나에게 트로트는 엄마의 마지막 노래	122
	풀무질 서점 은종복 대표님	125
18일	가난하고 자유로운, 하찮고 괜찮은	128
19일	빗속을 씩씩하게 걸었다	131
20일	톳도 주고 고사리도 주고	136
	오조리 가는 길	138
21일	오래된 집 마당에 비닐봉지 하나가	141
	왜 그리 두근거리며 살았을까	144
22일	한 발 떨어져서 바라보는 일	146
	오름 하나에 풍경 하나	149
	비바람 치던 날, 김치부침개와 막걸리	152
	송당리 숙소 사람들	156
23일	떠돌까, 살까	159
	여행 시그니처, 김밥에 막걸리	161
	서귀포 앞바다에 그리움이 떠 있다	163

24일	나는 혼자 있을 때 168	
	이따금 버스정류장이 집 같았다 171	
25일	껐다 껐다, 비행기 174	
	나무 하나 꽃 하나를 알아가며 걷는다 176	
	걸으며 세상을 읽는다 179	
26일	분화구의 연두가 눈썹에 앉았다 180	
27일	여행이 저문다 184	
28일	다 잘 먹자고 하는 일이지만 188	
	울진 바닷가에 책방을 열고 싶다 192	
29일	토끼는 바다멍을 하고, 나는 토끼멍을 하고 195	
30일	이렇게나 빠른 여행 정산이라니! 199	

프롤로그 같은 에필로그 – 부록 같은 본론 204

작가의 말 222

유배의 변(辯)

습관이 나빠서 유배 갑니다

불량 습관 덩어리였다. 엄마가 이러기 힘들고, 주부가 이러기 힘들다. 코 닿을 거리도 차를 끌고 나간다. 뻔질나게 택시를 불러댄다. 여름이면 24시간 에어컨, 더위 참을성은 제로에 가깝다. 수시로 외식에 돈을 써대고, 잠들 때까지 끊임없이 야식을 먹는다. 혼자일 때는 주로 라면이다. 장이 약해 좋을 리 없는데도 낮 밤 맥주다. 아침에 눈 뜨면 이불 안에서 한 시간 넘게 뒹군다. 필요 이상 드나들던 카페, 분수없이 써재끼던 일회용품. 쓸데없이 들여다보던 SNS. 채식 지향이나 자주 흔들리던 습관. 타인을 위해 내 의견 감추고 드나들던 고깃집. 자주 불안하고 자주 심장이 뛰던 습관. 나를 지우고 남으로 채우는 경향. 책 뒤로 숨느라 다른 일을 회피하는 일상….

익숙함을 벗어나면 조금이나마 변할 수 있지 않을까? 변화를 어색해할 지인들을 떠나면 시도가 조금 쉽지 않을까? 일상의 업다운에 맞춰 자주 요동치는 감정도, 조금은 잦아들지 않을까? 초죽음 되도록 걷고 나면 덜 슬프고, 덜 미안하고, 밤엔 지쳐 잠들어 야식도 덜 먹지 않을까? 경비를 빠듯하게 제한하면 습관을 좀 더 쉽게 고치지 않을까?

습관이 나빠서, 그렇게 유배 갑니다.

입체가 될 거야

와인 잔에 술 반 고뇌 반 따라 마시던 50살 2월의 마지막 날, 단어 하나가 떠올랐다. '입체'. 입체적. 입체적인 인간. 평면과 입체 중 나는 입체에 가깝다. 오목과 볼록이 많다. 감정이 많고, 생각이 많고, 기대가 많고, 실망도 많은 올록볼록한 마음의 틀을 가지고 있다. 볼록은 나의 자리고 오목은 남을 위한 자리라면, 오목에 치중해서 살아왔다. 타인의 감정과 입장, 기대, 그들을 위해 맡겨진 역할을 다하며 오목을 메워왔다. 평균이 되고자, 많은 날을 평면에 욱여넣으며 지내왔다. 평균 중에도 최대한 고른 평균의 면이 되려 했다. 드러나지도 않고 잊히지도 않는 적당한 평균.

이제는 볼록이고 싶다. 나를 향한 기대, 미뤄둔 일들, 나만을 위한 계획. 못 들은 척, 못 본 척 지내온 나를 위한 자리, 볼록을 들고 만지며 입체로 살아야겠다. 본디의 나, 입체적인 사람으로. 호기심과 열망이 많고, 세상에 관심이 많고 나에게도 관심이 많으며 매일 달라지는 변화의 나날을 꿈꾸는 사람. 평면의 비포어에서, 입체의 애프터로. 오십의 선을 하나 넘으며. 나는 입체가 되기로 했다. 오목의 볼록화, 평면의 입체화.

볼록해져서 돌아오겠습니다!

사랑과 전쟁은 이제 그만

　많은 갈등이 있었다. 예전엔 없던 일이었다. 5,6년 전만 해도 누가 봐도 부러운, 애인 정도는 아녀도 절친 같던 사이좋은 부부였다. 8년 전쯤 회사가 어렵다는 말에 남편 회사로 매일 출근을 시작했다. 놀자 먹자 할 때 죽이 잘 맞던 두 사람은 직장에서는 성향 차가 확연했다. 남편이 회사 대표인데다 기세가 강하니, 하나도 참고 열도 참고 웬만하면 참으며 지내왔다. 남편은 이따금 폭발했다. 서운함을 폭포처럼 쏟아냈다. 딱히 내가 뭘 잘못한 것도 아닌데(제 입장에서 하는 얘깁니다. 남편 입장은 남편이 책 내면 그때 들어보시길), 돌아서면 성낸 걸 잊는 남편과 달리 나의 마음엔 장벽이 높아졌다. 우리 사이가 왜 이리 됐냐고 남편은 울적해했고, 나는 그 이유를 알기에, 알아도 어찌할지 몰라서 더 우울했다.
　이따금 하루 이틀 바람 쐬며 마음을 달랬다. 그러고 나면 한결 밝아지니 남편은 한 달쯤 지내다 오라고 장난처럼 말했다. '못 갈 줄 알고 저러지.' 나 역시 농으로 받았다. 제주에 짧게 다녀온 어느 날 남편이 또 한 번 '한 달 살기'를 말했다. 그으래? 가만있자. 못 갈 것도 없지. 일거리야 회사 밖에서도 얼마든지 처리할 수 있고, 다 큰 아이들은 이미 각자 방을 구해 살고 있은 지 오래였다. 그렇다면 정말, 그래도 되겠다. 그래도 되면, 그래야겠다. 조금 오래, 혼자 있어도 좋겠다. 안 참아도 되는 날을 누리고 싶다. 절실하다. 감정의 앙금이 벽이 되어버린 지금, 좀 떨어져 있는 것이 더 나을지도 모르겠다. 시원하게 다녀오라 하는 남편이 고맙다. 싸울 일 없이 나눌 일, 고마울 일이 많던 우리였다. 다시 편안해지길 바란다. 나를 추스르는 시간이 그에게도 도움이 되길 바란다.

전쟁 그만, 사랑 비슷하게 잘살아보자고. 훌쩍, 제주.

남편 잘못 키운 죄로 유배 갑니다

여행 준비의 시작은 여행지에서의 나의 생활을 대비하는 것이 아닌 남편이 혼자 하게 될 살림을 준비시키는 것이었다. 밥이야 사 먹겠지만, 설거지야 할 줄 알겠지만. 그에 더해 빨래 정도는 배워놓을 만하지 않은가. 최소한의 기계조작만으로 가능한 일이니, 굳이 그것을 싸들고 나가서 맡기고 시간 맞춰 찾아오는 번잡한 빨래방 과정은 생략해도 좋지 않을까. 건조까지 하려면 드는 돈도 적다고는 할 수 없다. 남편에게 세탁기를 지도하다.

스텝 1. 전원을 켠다.

스텝 2. 세제와 섬유유연제를 넣는다(섬유유연제가 무엇인지 한참을 설명해야 했다. 안 넣으면 안 되냐고 해서, 그럼 수건 돌기가 쇠 수세미처럼 빳빳해져서 귀하의 얼굴에 격한 스크래치를 낼 거라고 억지 친절로 포장해 설명했다).

스텝 3. 빨래 양이 적으니 소량에 맞추고, 찜찜할 수 있으니 헹굼 과정을 한 번 더 추가하라 했다(아마도 가장 어려운 단계일 듯).

스텝 4. 한 시간 정도 걸리니 시간 맞춰 꺼내서 탁탁 털어 건조대에 널라 했다(잘 때 돌려놓고 아침에 널면 안 되냐고 묻더라. 음~ 그럼 아마 똥 수세미가 될 거라고, 뭐, 근데 네 맘대로 하세요~ 자유로운 선택권을 주었다).

한 번, 두 번, 세 번, 실습을 하는 데도 숙달하지 못한다. 옆에 있으니 자꾸 의지하려 드는 것인가. 진정한 어른이 되어가는 과정으로, 내 곧 사라져 줄 터이니. 그때 부디, 원활하게 숙달하기를 간절히 바란다. 그리고 훗날 여행에서 내가 돌아온 후에도, 나를 위해 이따금 세탁기를 돌려주기를. 그런 성숙한 어른이 돼 있기를 또한 간절히 바란다. 그때는 심화 과정으로, 울세탁 코스와 파워 버블샷, 삶음 코스 등을 지도해줄게. 각자 독립해 자기만의 살림을 살고 있는 아이들이 뜨악해한답니다.

"아빠 여태 세탁기도 못 돌린다고~~?"

남편 잘못 키운 죄로, 제주 유배 갑니다.

대충 살았지만 떠나고 싶어요

'열심히 일한 당신, 떠나라!'는 말만큼, 내 목에 가시 같은 말이 없다. 유년의 기억부터 지금껏 '열심히 살았노라.' 당당하게 말할 만한 순간이 없다. 애기 때도 너무 안 울어 '바보를 낳았구나.' 엄마가 근심했다 하니, 태어나던 순간엔 그나마 열심히 울었을지 나조차도 의심스럽다.

열심히 일하지 않았으나 수시로 떠나고 싶은 걸, 어쩌란 말인가. 열심히 일한 자만 떠나라니, 떠나고픈 마음 기죽이는 말이다. 대충 살았지만 떠나고 싶어요. 돌아와도 열심히 산다는 보장은 없어요. 애매하게 조금만 놀다 와서 또 애매하게 그냥저냥 살면 안 될까요. 누가 뭐라 하는 것도 아닌데 혼자 애먼 변명을 늘어놓는다.

영화 「리틀 포레스트」 도입부에 엄마(문소리)가 딸(김태리)의 대입 진학 후

갑작스레 사라진 장면에서 딸은 나를 떠올렸다고 말했다. '울 엄마도 그러고 싶을 텐데(우찌 알았지).' 자식이 성인이 된 후의 엄마 혹은 아빠라면 한 번쯤 꿈꿔볼 만한 상황이다. 아들 딸. 엄마는 사라져도 연락은 트고 살게(영화에선 엄마, 연락두절).

어떻게 꿈 없이 살 수 있냐고 중학생 딸이 눈을 동그랗게 뜨고 내게 묻던 밤, '가난한 여행자가 되고 싶다.'고 노트에 적었다. 10여 년 전 일이다. 딸은 요즘 다시 나를 채근한다. 그만 좀 간 보고 무어든 확 저질러 버리라고. 읽고 쓰고 보고 배우고, 이것저것 집적대고만 있은 지 어언 십여 년이다. 저지르지 못하는 이유는 열정 부족, 용기 부족, 성실 부족이다. 그나마 가난한 여행자로는 살고 있는 듯하니, 그래도 꿈은 대략 이룬 것일까?

대충 사는 것에 변명은 없다. 그럼에도 불구하고, 방랑은 하고 싶다. 아주 열심히. 방랑 유전자는, 저마다 얼마나 다를까. 대충 살고 방랑하면, 천벌 받을까?

열심히 살지 않은 죄로, 제주에 열심히 다녀오겠습니다.

오순이라 잔치합니다

팔순까지 살아낸단 보장이 없다. 지금 하는 행태를 보면, 칠순만 넘겨도 하느님께 감사할 지경이다. 팔순 잔치 대신 오순 잔치를 하겠다고 선언했다(속으로, 나만 알게). 어쩌면 팔순보다 오순이 더 다독일 일이다. 오십 대도 한창이라고 우길 수야 있겠지만, 내 마음속에서도 미심쩍은 일. 노화는 진작 시작됐으니 노년 시작이라 해야 할까, 노년에 바짝 다가간 중년 끝이라고 해야 할까. 축하 아닌 위로를 듬뿍 받을 법한 일. 예측할 수 없는 팔순 대신 나는 오순 잔치를 선택하고, 나만의 잔치인 혼행, 혼자 여행으로 잔치를 대신한다.

나이는 숫자에 불과할지 몰라도(그 말에 찬성하지도 않지만), 숫자의 앞자리가 바뀌는 것은 큰일 중의 큰일이다. 세상의 모든 오십이 각자의 오십을, 서른이, 마흔이, 혹은 예순 칠순, 팔순이 스스로를 잘 챙기고 위로하며 나름의 생의 변곡점으로 삼을 수 있으면 좋겠다.

아들, 딸. 엄마는 팔순 대신 오순이니까, 엄마 팔순 잔치는 신경 안 써도 돼. 아, 구순 잔치를 당겨 할 수도 있겠구나. 그건, 그때 가봐서.

무튼, 이번 혼행은 오순 잔치 대신입니다. 에헤야 좋구나.

지원 세력이 든든해 유배 갑니다

　제주행 비행기를 탔다. 비행기가 뜨기 전 사람들에게 간단한 인사를 전했다. 미처 그들이 누리지 못하는 여유를 혼자 누리는 나에게 여비를 건넨 친구들의 마음은 천사와도 같다. 미울 수도 있는데. 샘이라도 낼까 싶어, 혹은 괜스레 미안해서 소문도 내지 못했는데. 소식 없이 올 순 없어 건넨 안부에 무슨 그런 용돈을 다 건네는지. 의식하지 않고 마음 가는 대로 살려 해도 의식하지 않을 수 없는 마음들이다. 받은 돈으로 나는, 이따금 호사를 부려야지. 마음을 접어 지갑에 넣고 간다.
　가족에게도 인사를 전했다. 대학 1학년을 마치고 재도전한 입시가 아쉽게도 실패로 끝났을 때 아들은 엄마, 아빠 같은 부모를 둔 건 특권 중의 특권이라고 말했다. 허락해주고, 응원해주고, 실패도 껴안아 주어 고맙다는 말이었다. 비행기 안에서 나도 그리 말했다. 이런 한 달의 여행은 정말 특권 엄마, 특권 아내만이 할 수 있는 거라고. 그러니 고맙다고.
　"엄마의 방랑을 지지하고 응원해. 엄마는 그럴 만하니까 그래도 돼!"
　딸의 말은 울림이 컸다. 아무 말이라도 자식이 응원해주면, 엄마는 힘을 받는다. 그래도 될 것 같은 정당성을 부여받는다. 고마워, 딸. 날개가 돋는다.

남편과 여행 떠나기 전날, 응원과 격려를 주고받는 저녁 식사 시간을 가졌다. 처음엔 훈훈했고, 마지막엔 처참했다. 길게 자리를 비우며 잔소리가 좀 길어졌고, 마음 상한 남편은 되도 않는 오해로 거세게 삐졌다(남자 갱년기가 때론 더한 법). 상처가 되는 시간이었다. 여행 초까지 두고두고 독했다. 그래도 다음 날, 잘 다녀오라는 말과 함께 공항 가는 길목에 내려 주었다. 불편한 마음이 오래 갔지만, 어려워도 혼자 지내보려 하는 남편의 마음은 그 무엇보다 강력한 지지다. 남편에게 당부했다. 집에 혼자 있는 시간이 문득 서글퍼지거든, 그 순간에 가족 모두가 각자 혼자임을, 덜 여문 아이들도 나름 혼자로 성숙해가고 있음을 떠올리라고. 외로움보다는 고독함으로, 허전함보다는 고즈넉함으로 내면을 단련하고 채우며. 각자 몫만큼의 행복을 누리며 살다가 이따금 한 번씩 다 같이 모여 행복하자고. 따로 또 같이. 느슨한 연대. 당부이자 응원이었다.

그러한 지지를 안고, 드디어 갑니다!

유배일기

초록 치마

진초록 치마가 봄바람에 휘나알리더~라~~

이미 그리운 초록 치마 나부끼던 날들.
짐을 싸다 초록 치마를 놓고 잠시 고민했다. 런던에서 머물던 때 잘만 입고 누비던 초록빛 벨벳 치마를 서울에선 입기 뭐하다고 딸이 말했다. 엄마가 접수할게. 소심한 마음이 커져선 큰소리쳤다. 평소 같으면 입을 일 없는 치마다. 막상 가방에 넣으려는 순간 심한 초록, 격한 벨벳에 잠시 망설여졌다. '어색할 순 있지만 부끄러울 정도는 아니잖아. 사실은 입고 싶었던 거잖아.' 입체의 소리에 귀 기울인다. 타인의 눈길보다 내 욕구를 귀히 여긴다. 여행이 기를 살리고 뱃보를 돋운다. 캐리어에 치마를 넣으며 이미 용맹해진다.
이후 4월 중순 날이 더워지기 전까지 이따금 예쁘고픈 순간에 초록 치마를 꺼내 입었다. 치맛자락을 사뿐히 벌려 잡고 찍은 사진은 혼자만 보고 싶은 민망한 예쁨. 흘끗 훑어보는 시선을 못 느꼈다고는 할 수 없지만, 때때로 그것은 선망으로 느껴지기도 했다. 버스에 오르면 특히나 어르신들의 시선을 받는다. 현란한 몸빼와 꽃무늬 셔츠에 결코 뒤지지 않는 요란한 예쁨이었다.

낯선 공간에서의 낯선 옷 생활을 딸은 런던에서, 나는 제주에서 소심하나 씩씩하게 누려보았다. 의상탈출이 때로는 일상탈출이다. 나 아닌 내가 될 수는 없지만, 나 아닌 척하는 내가 되어보는 재미는 쏠쏠하고, 훗날 사진을 넘겨볼 때 그 장면은 더욱 도드라진다. 콕콕 눌러 터뜨려 보고 싶을 만큼.

긴 여행을 하게 된다면

혼자 꽤 긴 여행을 하게 된다면

마치 수도승이라도 된 양
고기 안 먹고
회도 안 먹고
푸성귀 많이 먹고
공부하고, 생각하고

마치 작가라도 된 양
오래 걷고
오래 읽고
많이 보고
많이 찍고
많이 쓰고

마치 한량인 양

한껏 놀고

한참 쉬고

한 노래, 한 춤 하고

마치 몽상가인 양

자주 한눈팔고

자주 들뜨고

자주 꿈꾸고

마치 이태백인 양

달뜨면 술 먹고

비 내리면 또 먹고

해 뜨고 해 지고

바람 불고 파도치면

먹고 먹고, 또 먹고

사색가라도 된 양

종종 상심하고

이따금 갈등하고

그러다 그냥 잊고

엄마인 양

풀잎 꽃잎 애틋이 여기고

나무 안고 벌레 재우고

소녀인 양

잘 웃고 잘 울고

깨방정 뭉텅

무게 없는 깃털인 양

바람의 색을 찾고

구름의 소리를 듣고

마치 떠돌이인 양

가다 서고

가다 놀고

오늘 잠자리는 오늘 정하고

마치 시인인 양

깊은 언어를 길어 올리고

못 찾은 언어를 찾아 헤맬래

1일
어서 와, 유배는 처음이지?

　오후 세 시 반 공항에 내려 급행 한 번, 시내버스 한 번을 타고 한림읍에 도착했다. 렌트카 없는 제주 여행은 처음이다. 다행히 경비가 빠듯해 고민할 필요가 없었다(다행 맞나?). 작년에 여행기 공모전에서 받은 상금 100만 원을 아껴두었다. 여유 자금 100만 원 안에서 숙박비와 교통비를 해결하자. 나머지는 평소 생활 경비로 충당하면 될 터. 대중교통을 이용하고, 숙박비는 일일 평균 3만 원을 넘기지 않기. 좀 더 나은 숙소에서 장기 숙박으로 싸게 지내는 것도 방법이겠지만, 이왕이면 고루 떠돌 예정이다. 노 카페, 노 맛집 여행으로 식비를 아끼며 동시에 낭비벽 식생활에 벌을 주기로. 먹는 데 연연하지 않는 여행은 실은 바라던 여행이었다. 먹는 게 여행의 반이라는 말에 그리 동의하지 않는 편이다. 먹는 것보다 노는 게 좋다. 두 가지를 다 누릴 만큼 돈과 시간이 충분하지 않다면 노는 제주만 누리련다. 여행하며 '논다'는 것은 많은 것을 포함한다. 마음이 놀아야 한다. 방랑해야 한다. 감정이 요동쳐야 한다. 자유로워야 한다. 덜 먹고 잘 놀고 살짝 취하는 여행이 시작된다. 배려할 동행이 없으니 가능한 일이다. 그렇다면 이것은 벌인가, 상인가.
　첫 번째 숙소는 경비 절감뿐 아니라 계획한 식생활과도 꼭 맞는 곳이다.

곽지해변을 지나 하동사회복지관 정류장 앞 '민수민수게스트하우스'는 '민수' 사장님이 '도르르김밥'과 함께 운영하는 곳이다. 이번 여행의 메인 식사는 김밥이다. '남의 살'을 먹지 않고픈, 채식 지향 식생활을 혼자 여행할 때만큼은 실천해 보고 싶었다. 김밥은 그에 적합했다. 그중에서도 야채김밥. 그러니 김밥집을 겸하는 숙소가 맘에 쏙 들 수밖에. 유배 첫날의 저녁은 '도르르김밥'의 대표 메뉴 '시래기김밥'. 곁들일 음료는 '제주막걸리'. 음료라 쓰

고 주류라 읽는다.

　막걸리 한 병과 김밥 한 줄을 들고 옥상에 올랐다. 때맞춰 해 질 녘이다. 고작 이층 건물인데도 근방에 더 높은 건물이 없어 시야가 네 방향으로 활짝 열린다. 여행 첫날의 긴장한 마음도 탁 풀린다. 마을회관을 빌려 숙소와 식당으로 쓰고 있는지라 옥상엔 확성기가 네 개나 달려있다. 방송이라도 하고 싶다.
　"삼춘~ 삼춘. 불량 한량이 왔어요. 유배 왔수당! 김밥이랑 막걸리 말고는 주지 마시라게! 잘 해주믄 안된단 말시! 삼촌~! 사랑함수당!"('삼춘'은 제주에서 성별이나 촌수와 상관없이 웃어른을 친근하게 부르는 말)
　옥상 너머, 밭 너머, 집 너머, 섬 너머 먼 바다로 콩만 한 해가 지며 천지를 주황으로 물들인다. 돌담과 유채꽃에 쌓인 무덤은 밭에 푸근히 안겨 어둠 아닌 밝음의 흔적 같다. 봉분 두 개가 나란하다. 높고 가팔라 밧줄을 부여잡고 올라가야 하는 산꼭대기 엄마의 산소를 떠올린다. 바둑판같아 찾기 힘든 아버지 계신 곳, 막 자란 풀숲에 막혀 가닿기 어려운 친구의 묘를 생각한다. 이내 지운다. 첫날이다. 오늘은 무조건 행복하기로. 서글프지 않기로. 옥상도 마을도 까무룩 해지고, 보라가 되어가는 주홍 이불을 덮고 바다는 밤이 되어 간다. 마을은 조용하고 풍경은 바람의 결을 따라 요동쳤다. 슴슴한 시래기김밥을 꼭꼭 씹으니 내가 좋아하는 여행의 맛이 난다. 담백하고 소박한 맛이다. 유배의 맛이다. 막걸리와 노을도 구색이 잘 맞는다. 돈이 다가 아닌 여행이 이렇게 시작됐다. 잘 살아서 온 게 아니라, 못 살아서 벌준다고, 말도 안 되는 구실로 떠나온 여행. 좋은 습관 들이는 여행을 하겠다고 결심했는데, 초저녁부터 졸리니 다행이다. 일찍 자는 습관이 든다면, 아침마다 일출을 봐야지. 히터는 가늘게 떨고, 발자국은 조심히 끌리며, 짐 푸는 얌전한 소음이

낮게 번지는 게스트하우스의 고요한 시간을 사랑한다. 떠나기 전날 크게 싸우고 온 남편에게 남기는 안부의 말은 여전히 뻣뻣하다. 그 어떤 이유에서도 제주의 첫 밤은 달아야 한다. 잠이라도 달아라.

> **잘한 일:** 일찍 잤다. 안 취하고 잤다.
> **잘못한 일 :** 딱히 한 게 없어서 잘못한 일이없다.

민수민수게스트하우스는 7개의 베드가 있는 도미토리형 숙소이나 개인 공간을 야무지게 분리해 놓아 독립된 1인실 느낌이 난다. 버스정류장 가까운 장점과 바닷가 가까운 조용한 동네, 여성전용이라는 안정감이 있고, 서부권을 꽉 쥔 202번 버스가 자주 다녀 편하다. 처음에 사흘, 중간에 이틀을 더 머물렀다. 하루 17,000원이니 닷새에 85,000원, 도미토리라 해도 싼 가격이다(현재 19,000원). 길을 나설 때마다 김밥을 한 줄씩 포장해 갔다. 덕분에 식비도 아낄 수 있었다. 옥상은 다소 황량해 가난하고 느슨한 여행에 딱 맞춤이며, 매일 다른 일출과 일몰로 여행을 호사롭게 해주었다. 유배 맞춤형이랄까.

2일
길을 잃어도 달콤한 곳, 제주

 눈 뜨고 한 시간씩 꾸물대는 아침이 늘 한심했기에, 이번 여행에서만큼은 10분 안에 이불을 박차고 나오기로 했다. 첫 아침, 생각보다 훨씬 일찍 잠에서 깨 커피 한 잔을 들고 옥상에 올랐다. 해가 언제 뜰지 모른 채 올라 한 시간 가까이 떨었다. 떨어도 좋아. 제주니까. 별이니까. 짹짹 꼬꼬, 부지런한 새소리가 새벽 기운을 돋운다. 엊저녁 한림 바다를 물들이던 해가 오늘 한라산 언저리에 주홍을 쏟고 있다. 꼭 열두 시간을 움직여 한라산에 닿았구나. 해도 그리 빠르지 않네. 새소리가 부쩍 가깝더니, 전봇대 위 가량한 새 한 마리가 해를 향해 웃고 있다. 쪼쪼쪼. 울지 않고 웃는 소리다. 노래하는 소리다. 새와 같이 해를 맞았다. 달도 있었다.

 맛집을 안 가겠다 하고선 하루 만에 맛집을 찾아갔다. 보말 칼국수를 먹었다. 엉뚱한 집을 찾아가는 바람에 아침부터 호되게 고생했다. 약속 안 지킨 벌인가보다. 남의 살 먹지 않겠다 했으나, 얼굴 없는 것(조개, 소라, 새우, 굴 등) 수준에서는 꼭 먹고 싶은 걸 먹기로 예정해 오긴 했다. 그중 하나가 보말 칼국수, 내겐 너무 맛있는 그것.

올레 15-B 코스를 걸었다. 한림항에서 시작해 고내포구까지, 계획에도 없던 완주를 했다. 초록 스웨터에 꽃 달린 모자 쓰신 할머니께서 그 길은 올레길 아니라고 일러 주시곤 팽나무를 지나 좁은 골목으로 종종 걸어가셨다. 할머니가 팽나무를 닮았다. 팽나무가 할머니를 닮았다. 낡고 마르고 닳았으나 꼿꼿하다. 덕분에 헤매지 않았다. 벚꽃 가지에 올레 리본이 꽃 따라 춤춘다. 마음도, 덩실.

밥 먹을 자리를 찾지 못해 애먹었다. 한담해변 근처엔 사람이 많고 너무 눈

부셨다. 더 한적하고, 더 구석진 자리가 필요했다. 기진맥진한 채로 애월에 자리를 잡았다. 웅크려 앉아 꺼내 먹은 김밥 한 줄은 김밥이 아니라 금(金)밥이었다. 막걸리는 오아시스였다. 바다를 보고 앉아 있자니 애쓴 걸음이 애쓴 삶 같았다. 삶의 어느 대목이 문득 억울하기도 했다. 억울함을 꺼내 보는 시간도 나쁘지 않다. 나의 모든 감정에 솔직해질 필요가 있고, 지금의 여행은 그에 유용하다. 가식은 필요 없다. 지금 나는, 백 퍼센트 혼자니까.

 300분 3만 보 23km를 쉬엄쉬엄 다 걷고 근처 책방을 찾아 지도를 따라 조금 더 걷는데, 가는 길이 달콤하다. 달콤하다가 길을 잃었다. 끝내 책방에 닿지 못하고 겨우겨우 숙소를 찾아와 몸을 뉘어 쉬는데 여전히 그 길이 눈앞에 삼삼했다. 길을 잃어도 달콤한 곳. 제주는 역시, 그런 제주.

 쉴 만큼 쉬고 초저녁, 버스를 타고 '달리책방'을 찾아갔다. '책방'이라는 말은 언제나 마음을 꿀렁이게 한다. 주인장의 책이 한 면 가득 꽂혀 있다. 새 책보다 주인의 책이 더 좋다. 나도 언젠간 아버지의 책을 끌어안은 책방을 하고 싶다. 아버지의 유일한 유품인 책을 아이들 나간 빈 방에 한 면 가득 쟁여

놓고 있다. 아버지에 한참 못 미치는 책 사랑이지만, 부족한 사랑을 나는 여행에도 쏟고 있다며. 그것 또한 책만큼의 세상에 대한 사랑이라 우기며, 늦은 밤 침대에 누워 괜한 시비를 아버지께 걸어본다. 많이 걸은 노곤함에 시비는 5분도 못 가고 잠들어 버렸다. 덕분에, 야식의 여유를 주지 않는 타이트한 유배의 날들이 계속된다. 참 잘했어요.

잘한 일: 3만 보를 씩씩하게 걸었다. 피곤을 떨치고 다시 나가 꼭 가보고 싶던 책방엘 갔다.
잘못한 일: 첫날부터 맛집을 찾아갔다. 길을 잘못 들어 고생하다 택시를 탔다. 김밥을 먹다 울었다.

3일

어느 꽃이어도 엄마는, 예뻐요

    제주 오일장 날짜를 꼼꼼히 메모해왔다. 언제 어디서고 혼자서도 잘 놀지만, 특히나 혼자 놀기 좋은 곳이 시골 오일장이다. 싸고 풍요롭고, 많은 현지인을 볼 수 있는 곳. 누군가에게는 치열한 생업의 현장이고, 누군가에게는 조금은 면구스런 낭만의 자리로 어울 더울 사람이 섞이는 곳이다.

    2일, 7일은 제주공항에서 멀지 않은 제주민속오일장이 서는 날이다. 취향에 딱 맞는 구름 잔뜩 낀 꼬질꼬질한 아침이다. 휘적휘적 시장을 걷다가 주위를 온통 흡수해 버릴 듯한 뒷모습을 마주했다. 세상을 빨아들이다 점처럼 작아져버릴 것 같은 모습. 하릴없던 걸음이 오래 서고, 시들하던 마음이 요동쳤다. 노파는 쪽파를 팔고 있었다. 앞으로는 생의 치열함을, 뒤로는 무상함을 보여주고 있었다. 세월을 다 끌어안은 듯 작지만 큰 뒷모습은 오래 맴돌았다. 내가 잘 아는, 내 엄마의 모습이었다.

    엄마는 유일한 아들인 오빠를 더 사랑했다. 큰엄마는 다섯 아들을 낳은 반면, 엄마는 딸 넷에 아들 하나를 겨우 낳아 아들에 대한 애착이 더없이 컸다. 오빠보다 덜 사랑받는 막내였지만 서운함은 없었다. 언니들이 넉넉히 채워

주기도 했거니와, 어린 눈에도 엄마가 애틋했다. 무심한 아버지와 고단한 가난을 등으로 받치고 온 힘 다해 5남매를 키워낸 엄마였다. 지난한 삶은 나이보다 훌쩍 엄마를 늙혀버렸다. 초등학교 1학년 때 엄마가 학교에 오셨다.

"어? 너네 할머니 오셨다!"

친구들이 우렁차게 말했다. 엄마 나이 마흔하나였다.

"우리 엄마거든! 오남매 낳고 키우다 보면 니들 엄마도 다 그렇게 되실 걸?!"

숨고 싶은 마음을 혀 밑에 감추고 꼬맹이는 음절마다 힘을 주었다. 상황을 모면할 말도, 엄마를 두둔할 말도 아니었다. 창피해하는 게 더 창피한 일이라고 생각했던 어린 자존심이었다.

엄마는 빠르게 늙은 만큼, 이르게 시들었다. 떠날 때 고작 쉰여덟이었다. 없는 에너지까지 다 끌어내 쓰다 가셨기에 내 엄마는 '산화'했다고 이따금 말한다. 점이 되기도 전에 산화하셨다. 마르고 닳도록 새카맣게 앓다 가신 엄마의 마지막은 그 두 글자와 딱 맞는 처연한 모습이었다. 엄마를 떠올릴 때마다 오래 지켜본 그 모습만 떠올라 안타깝다. 분주한 시장통에 부석하게 뒤돌아 앉으신 할머니는, 떨어진 동백 같다. 더 살지 못한 울 엄마의 다 못 산 뒷모습은 어떤 모습이었을까. 무슨 꽃과 같았을까. 어느 꽃이어도 엄마는, 예뻐요.

우두커니 오래, 기다리는 마음

'헌책방 동림당'에 오픈 시간에 맞춰 도착했다. 문이 닫혀 전화하니 오픈이 좀 늦어진다며 미안해하셨다. 생각보다 많이 늦어졌다. 우연히 발견한 '미래책방(현재 이후북스)'이 인근에 있어 두 책방을 오가며 시간을 보냈고, 그사이 미래책방에서 두 권의 책을 샀다.

헌책방 앞엔 나보다 먼저 사장님을 기다리고 계신 누군가가 있었다. 자전거를 앞에 두고 앉아계셨다. 미동도 없이 기다리신다. 투두둑 비가 오고, 길

가에 사람은 적고. 기다리는 시간이 길어지니 여러 번 눈이 마주친다. 웃음이 오가고, 한두 마디 말이 오갔다. 며칠 전 책방에서 사전과 영어 학습서를 샀는데, 천 원을 덜 내서 그걸 전하려 주인장을 기다리신단다. 여행 중에 책방에 왔다 하니, "책을 좋아하는 사람은 마음이 맑아요." 주옥같은 말씀을 하신다. 눈을 맑게 하느라 애 좀 썼다.

   나중에 다시 와도 될 일인데. 기다리는 그분이 괜스레 마음 쓰여 덩달아 두 시간을 근처에서 서성였다. 천 원을 건네려 우두커니 오래 기다리는 마음은 무엇일까. 언제 열릴지 모르는 책방 앞에서 하염없이 기다리는 내 마음은 무얼까. 길게 기다려도 좀처럼 화나지 않는 두 사람이 속 터지게 느리게, 비 오는 오후 시간에 기대 놓았다. 먼저 그곳을 떠나며, 아쉬운 마음은 왜 드는 건지. 알고 보면 운이 나쁜 건데 나쁘지 않은 것 같은 오후였다. 책방 근처에서 로또 오천 원어치를 사고, 길에서 주운 50원을 버스 동전함에 넣었다. 토요일 오후, 로또는 보이지 않고 속 터지던 아저씨만 떠올랐다. 천 원은 건네셨을까? 헌책방은 끝내 다시 못 갔지만, 간 것처럼 그 동네가 자꾸 떠오른다. 동류의 인간을 우연찮게 만나고 스치며. 그런 재미도 있다, 여행은.

> **잘한 일 :** 낯선 이에게 친절했다. 맘에 쏙 드는 책을 샀다.(『오름 오름 트레킹 맵』)
> **잘못한 일 :** 밤에 과하게 마시고 먹었다. 게스트하우스 냉장고 털기(과하대봤자 9,000원이지만 과하다).

4-5일
객이지만 객을 맞는다

언니들을 기다리며 심장이 콩콩콩. 공항 출구 앞에서 목이 길어졌다. 비행기를 처음 탄 큰언니 마음은 어떨까. 몇 년째 서먹하던 셋째 언니가 어찌 이번에 시간을 다 내주었담. 객이면서 객을 맞는 마음이 설렜다. 오우, 떨려라. 이 나이쯤 되면, 애인보다 가족에게 더 설렌다.

빗줄기가 굵어지며 마음이 축축하던 어제, 버스에 코를 박고 비를 보다가 큰언니를 생각했다. 결혼하던 해에 엄마가 돌아가셨으니 언니들은 내게 친정과 같다. 부족함 없이 넉넉하고 다정한 친정이었다. 나는 무엇을 해주었지. 시가에 도리한 거에 비하면 딱히 한 게 없다. 잠깐 유난을 떨어 큰언니를 졸랐고, 혼자 오기 어려울 큰언니는 셋째 언니를 졸랐다. 언니들이 1박 2일 일정으로 제주에 온다. 오지 못하는 둘째 언니는 시원하게 여비를 보내주었다.

바쁜 이틀이었다. 시간은 짧았지만, 같이 하고 싶은 것이 많았다. 이호테우 해변, 한담해변, 방주교회, 본태박물관, 포도호텔을 차례차례 들렀다. 오설록 카페에서는 인파에 붂였으나, 녹차아이스크림과 롤케이크는 달았다. 이번이 아니고 여기가 아니면 언니들이 누리지 않을 것들이었다. 송악산은 쉽고 다

정한 길이다. 올 때마다 걷고 싶고, 누구와 함께여도 같이 걷고 싶은 길. 언니들이랑 한 바퀴를 같이 돌고 싶었는데 여의치 않았다. 쉬워도 편해도 잘 못 걷는 언니들이 속상했다. 제대로 일러주지 않아 신발도 허술했다. 준비 부족인 태만한 가이드였네. 다음 여행 땐 더 잘할게요.

   흑돼지 집에선 야채만 야금야금 먹어도 든든했다. 처음으로 '한라산'을 한 잔씩 기울였다. 아버지 돌아가시던 날 소주를 마시지 않겠다고 다짐했었다. 아버지의 소주는 엄마와 언니들을 힘들게 했다. 친정 오빠 역시 집에서는 절대 소주를 마시지 않겠다고 그즈음 다짐했단다. 그 후로 14년의 시간이 흘렀다. 언니들이라, 제주라 한두 모금을 처음 넘긴다. 기억도 아스라하다. 엄마의 아픈 얼굴도, 아버지의 독한 소주도 다 이울고 있다. 자식들이 따라 늙고 있다. 오빠도 이제는 집에서 소주 한두 잔을 기울인다면 좋겠다.

둘째 날. 청보리가 익어가고 유채꽃이 터지는 이 좋은 계절에 언니들이 제주에 와서 참 다행이다. 배를 타고 가파도에 들어가는 15분여의 짧은 시간에도 우리는 들떴다. 생각해보니 언니들과 비행기도, 기차도, 고속버스도 같이 타 본 적이 없다. 함께 배를 탔다. 함께 한 일이 하나 늘었다. 가파도 초입에서 핫도그를 두 개 사서 셋이 나눠 먹었다. 이런 핫도그가 다 있냐며 셋째 언니가 감탄했다. 보리가 들어간 맛이다. 입이 둔한 내가 모르는 맛을 언니가 알아봐 주니 내 입에도 그 핫도그가 최고가 된다. 가파도는 야트막하다. 작고 느긋하다. 두 시간여의 짧은 시간이지만 길게 누릴 수 있는 여유를 준다. 봄볕이 쏟아진다. 바람도 살랑인다. 보리는 그런 사랑을 받고 자란다. 밭담을 따라 청보리를 살살 쓰다듬으며 셋이 나란히 걷는다. 언니 하나가 빠져서 서운하고 둘이나 있어서 뿌듯하다.

서귀포 외돌개에선 인증샷을 찍으며 뻔한 관광객과 뻔한 가이드의 명랑한 시간을 누렸다. 제주 음식을 고루 찾아 먹었다. 돌이켜보면 언니들 덕에 행복했던 밥상이 많았다. 나는 한 번 차려줘 본 적이 없는 밥상을 제주에서 보답할 수 있어 좋았다. '가시식당'에서 언니들은 두루치기를 극찬했고, 돌아가서 꼭 똑같이 만들어보리라 투지를 다졌다. 나는 그저 훌훌 몸국을 삼켰다. 그런 면에서 나는 불량주부다. 언니들은 가족을 살뜰히 먹이고 나는 근근이 때운다. 아이들의 복스러운 밥상은 언니들과 시어머니가 자주 채워주었다. 친구가 거들었다. 나는 그런 복을 받고 살았다.

  벚나무와 유채꽃이 위아래로 흐드러진 녹산로를 달렸다. 위로는 벚꽃이, 아래엔 유채가 2km 넘게 나란히 이어져 장관이다. 꽃길 드라이브는 효도 관광에 필수 코스지. 셋째 언니는 유채꽃을 처음 봤다 했다. 유채는 다른 말로

'하루나'라고 큰언니가 말해주었다. 엄마가 하루나 나물을 자주 해주셨단다. 막내는 다 모르는 엄마 아버지의 이야기를 언니들에게서 듣는다. 엄마가 돌아가실 때 내 나이 스물다섯. 서른넷 큰언니는 엄마 곁에 가장 짧게 머문 막내가 짠하다고 했다. 대신 나는 언니 셋과 오빠 하나의 내리사랑을 넘치도록 받았으니, 세상은 적당히 공평하다.

  달리고 달려 김녕해변까지 간다. 모래밭이 곱다. 언니들은 해변에서 사진을 찍고 나는 차에서 숨을 고른다. 조금 더 가 바다 풍경 좋은 함덕 '카페델문도'에서 여행을 마무리했다. 차를 빌려 빡세게 달린 이틀. 느린 여행, 머무는 여행을 좋아하는 나로선 다시 하기 힘들 바쁘고 촘촘한 여행이었다. 뚱하고 무뚝뚝한 게 우리 자매들 모습인데, 이번에 언니들은 명랑하고 상쾌했다. 언니들을 웃게 하기가 이리 쉬운데, 왜 그간 하지 않았을까. 언니들은 착하고 나는 못됐다.

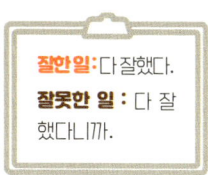

잘한 일: 다 잘했다.
잘못한 일: 다 잘했다니까.

언니들과 제주를 나누니 좋았다

찐하고 짠했다. 필요한 모든 것을 다 해주던 언니들이, 이제 너무 늙었다. 엄마가 돌아가신 후 철딱서니 없는 막내 결혼시키고, 여전히 철없을 때 두 아이 함께 키워주었던 언니들. 외동아들인 오빠가 엄마 사랑을 다 차지할 때 엄마처럼 애틋이 여겨주던 큰언니였고, 어디서든 무슨 일이든 절박할 때마다 차로 실어 날라주던 셋째 언니였다.

"언니. 나 학원 늦었어! 얼른 태워다 줘!" (수원에서 서울 종로까지 아침 7시에 맞춰 학원 데려다줌)

"언니 언니!! 클났어, 클나써. 나 일해야 하는데 회사 책상 서랍 열쇠를 두고 왔어~!" (수원에서 논현동까지 열쇠 갖다줌)

"언니!! 톨비 내야 하는데 지갑이 없어!" (휴게소에 정차하고 있으니 큰언니가 지갑 들고 날아옴)

최근 몇 년간 언니들과 좀 소원해진 게 사실이다. 제주가 언니들을 소환했다. 용기 내 청했고, 못이기는 척 와주었다. 빡센 일정은 좋고도 힘들었고 힘들고도 좋았지만, 그래도 결론은 좋고, 좋고, 좋았다.

"왜들 그렇게 제주, 제주 하나 했더니 이런 곳이었구나."

처음 와본 제주에 큰언니는 환호했다.

"애들 데리고 제주 내려와 살고 싶다."

표현이 잘 없고 요즘 대화도 뜸했던 셋째 언니가 거푸 말했다. 제주가 이제 예전 같지 않다고 많이들 말해도 누군가에겐 그렇게 처음의 제주고, 감동의 제주다. 갑작스레 시작된 하루 반의 여행이 언니들에게 남은 생의 빈틈을 즐길 수 있는 좋은 계기가 되었으면 좋겠다. 나 역시 나의 여행을 깊게 하다가, 어느 날 언니들을 소환해 또 한 번의 기쁨이 된다면 좋겠다. 때때로 누군가의 깊은 여행에 나도 또한 스치듯 발 들일 수 있어도 좋겠다.

둘째 언니와의 톡

나 : 은주언니. 언니들 진짜 엄청 좋아했다. 의외로 사진도 엄청 찍고, 지친 거 같은데도 내려서 사진 찍고 논다 하고, 진짜 별거도 아닌 거 같은 일에도 다 다 좋아하더라. 큰언니도, 다들 제주 좋다 해도 하나도 안 부럽고 안가도 암치도 않고 시큰둥했는데, 왜 다들 제주 좋다 하는지 알겠대. 둘 다 막, 제주 살고 싶다는 거 있지. 뭣보다 노마언니가 많이 다가왔어. 여행계 하자 하니 그러재. 5만 원씩 하자니까 넘 비싸다고 3만 원 하재. 내 생각은 큰언니 노마언니 3만 원, 나 5만 원, 언니 7만 원. 잘 못 걷고, 노마언니 안 먹는 것도 많고. 시어머니 가이드

보다 힘들었지만, 많이 뿌듯하고 행복했어. 짠하고 슬프기도 했고.

언니 : 다 읽고 나니 가슴이 벅차다. 막내지만, 언제부턴가 막내였던 적이 한 번도 없었던 것 같은 네 모습에 내가 짠해. 정말 애썼고, 고맙고. 함께 못 해줘서 미안코. 같이 못해 아쉽고, 노마랑 언니 행복한 모습에는 눈물이 다 날 거 같이 좋다. 막내야, 다른 사람들 신경 쓰는 것보다 훨씬 더 많이 항상 널 젤 많이 사랑해야 해. 알았지? 계는 언제부터 할 거야? 바로 시작하자.

고슬고슬 모슬포 펌

　모슬포, 모슬포. 입안에서 작고 동그랗게, 내성적인 마음처럼 안으로 말려드는 애잔한 이름이다. 이름이 좋아서 모슬포가 좋다면 너무 단순한 걸까. 바람도 세고 날이 궂어 '못살겠다 못살포'라 했다던데, 스쳐 가는 여행자에겐 내성적인 마음이 착 달라붙고 싶던 다정한 동네였다. 모슬포 시장 김밥은 이름처럼 작고 동그래서 소심한 여행에 잘 어울렸다. 밭일 바다일 가는 아주망들의 밥이라 1,500원만 받는다 하셨다. 모슬포 같은 김밥이다. 저녁마다 모슬포를 걸었다. 순서를 달리하고 동선을 바꿔가며 매일 다르게 걸었다. 골목골목 애틋하다. 정들면 다 애틋하다. 닷새 만에 정이 들었다. 제주에서 살게 된다면 모슬포에 살고 싶다.

　언니들이 떠난 자리를 한가로이 비워두었다. 다른 일정을 채우기엔 몸은 피곤하고 마음은 나른하다. 푸석한 긴 머리가 거슬린다. 떠나기 전에 꼭 해치우고 오려던 일이 머리 정리였는데, 더 급한 용무에 밀려버렸다.
　파마나 해볼까? 모슬포 카페 '나비정원' 주인장님께 동네 미용실을 소개받았다. 나비정원 사장님은 멋진 중에 멋지시다. 멋진 사장님이 손가락으로 머리카락을 꼬아가며 헤어스타일을 추천해 주셨다. 그려주신 약도가 다정하다. 예쁘게 하라는 응원 아닌 응원을 받는다.

"짧게, 똥글똥글! 확 다르게 한 번 해봐요!"
"어머낫, 그래본 적 없어서요. 파마 잘 나오면 보여드리러 올게요!"

"아, 알아서 자연스럽게 해주세요."
늘 하던 말을 한다. 그런데? 파마 롤이 생각보다 잘다. 기대 이상의 뽀글

함으로 말아주셨다.

"음… 괜찮을까요?"

"그럼요, 이 정도는 말아줘야 오래 가죠."

그렇지. 로컬의 파마는 가성비가 첫째지. 높은 효율의 가성비를 뽐내야 소문이 나는 법이지.

역시나 빠마는 뽀글하게 잘 나왔다(뽀글한 것은 파마가 아니라 '빠마'라고 해야 한다). 오래 가고도 남겠다. 혼자 여행 중이라는 나의 말에 나보다 한참 키가 더 크고 두 배는 씩씩해 보이는 사장님이 눈을 동그랗게 뜨신다. 넋두리같이 건네던 말씀이 기억에 남는다. 혼자 하는 여행이 부럽다 하셨다. 손님을 대하기가 늘 어렵다 하셨다. 싸주신 캔커피와 방울토마토와 딸기는 오후의 간식이 되었다. 언제고 제주에 살게 된다면 모슬포에 살고 싶다고 말했다. 아이들에게 영어를 가르칠 수 있다 하니, 아홉 살 먹은 아들 친구로 두 팀쯤 만들어 줄 수 있다 하신다. 미래의 고객을 오늘 만났다. 미래의 나와 미래의 제주를 상상해 보았다. 살 만하겠다.

지인들에게 짜잘짜잘 빠마 롤 만 사진을 보내니 웃겨 죽겠단다. 벚꽃나무 아래에 머리 풀고 찍은 사진을 보내니 그건 또 그런대로 괜찮단다. 그 빠마에 이름을 붙인다면 '모슬뽀마'. 머리할 때가 다시 되었는데, 모슬뽀마 하러 모슬포에 다시 갈까보다.

잘한 일 : 용기 내서 파마 잘했다. 단골집이 아니면 어때. 유명한 집이 아니면 어때. 가성비에 가심비까지 풀 충전했다.
잘못한 일 : 맥주를 두 번이나 먹었다. 미용실 사장님께 커피믹스 두 개만 얻고 싶었는데, 용기 안 나 말씀 못 드렸다. 요즘 믹스커피도 절제하는 중이라 눈치는 안 샀느라.

7일
브로콜리 너마저

    올레 10코스를 걸었다. 걷기 전에 대정오일장에서 국수 한 그릇을 깨끗이 비웠다. 길 떠나며 장에 들르니 뭐 하나 사갈 수 없어 안타깝다. 그리 좋아하는 해산물 가게를 지나도 입맛이 돌지 않는다. 남의 살일 뿐이다. 먹어본 그 맛, 이미 아는 맛이다. 덜 먹고 더 놀고 잘 걷는 여행이다.

    봄바람에 산들대는 노란 꽃. 브로콜리도 꽃이 핀다. 브로콜리 너마저, 예쁘다. 꽃이 된 브로콜리는 바람의 숨을 따라 흔들리며, 마지막 춤을 춘다. 양배

추도 꽃이 된다. 꽃이 된 브로콜리와 양배추는 먹지 못할 것인데, 왜 거두지 않았을까. 나중에 알아보니 종자용 밭이란다. 더 많은 브로콜리와 양배추의 기원이 될 테지. 길가에 개 떨듯 떠는 꽃이 있어, 무엇일까 찾아보니 이름도 딱 '개양귀비'다. 오들오들, 개 떨듯 떨지만 꺾이지 않는다. 내 몸이 쓸려갈 듯 바람이 거센데도 실처럼 가는 줄기에 매달린 꽃은 흔들릴 뿐 꺾이지 않는다. 바람이 걱정돼 나설까 말까 고민했더랬다. 꽃도 서 있는데, 바람에 꺾일까. 바람이 분다고, 나를 향해 부는 것이 아닌 것을. 겁먹고 살지 말자. 셀프 과보호는 이제 그만. 개 떨듯 떨더라도, 뛰쳐나오고, 걷고, 살자.

제주에서만 볼 수 있는 예쁜 것들이 이어진다. 청보리가 흐느끼고, 바람은 현의 소리를 내며 거꾸로 불어와 걸음을 막는다. 허기만 겨우 가셔가며 걷는다. 먹는 게 여행의 반이고 좋은 날씨가 여행의 반이라는 말에 동의할 수 없다. 먹는 것은 여행의 조금이고, 날씨와 상관없이 모든 날이 다 여행에 좋은 날이다. 걷다 보면, 걸음이 나를 걷게 한다. 나를 이끄는 것은 내가 아니고 걷는 걸음이다. 걸음의 결을 따라 많은 생각이 스쳐 간다. 자유로웠고, 쓸쓸했으며 더할 나위 없이 충만했다. 혼자 걸으며 무수히 많은 것들을 채집한다. 물리적인 것들을 사진으로 수집하고, 둥둥 떠다니는 대책 없는 마음을 애써 메모로라도 부여잡는다. 외로움이 아닌 고독을 그렇게 지켜간다. 저녁이면 친구가 온다. 혼자 하는 여행은 아직 시작되지 못한 듯하다. 언제고 본격적으로, 혼자일 거야. 기다리는 맛을 오래 음미해본다.

모슬포, 독하고 해맑은 밤

 닷새 예약한 게스트하우스에 언니들이 다녀갔고, 이틀 후면 친구들이 또 놀러 올 예정이던 그 사이의 날. 손님과 손님 사이, 혼자 놀아도 되는 소중한 저녁이었다. 올레를 걷고 적당히 지친 몸으로 돌아와 늦은 오후부터 고요히 시간을 보내고 있었다. 숨죽여도 되는 시간이 좋았다. 영영 길어져라.

 여덟 시 무렵부터 새 손님들이 숙소에 들었다. 방을 콕 닫고 박혀 있어도 다 알겠다. 여인들이구나, 젊구나, 예쁘겠구나, 신났네. 나이를 보여주고 싶지 않았다. '나를'이 아니고 '나이를' 보여주기 싫은 것은, 무슨 마음이람. 드러나고 싶지 않은 기죽은 웅크러진 마음이 들었다. 이불 속에 몸을 더 구겨 넣었다. 만 팔천 보의 걸음을 다리로 걸은 건지, 마음을 써서 걸은 건지 욱신욱신 마음 온 데가 쑤셨다.
 들어보니 세 명이다. 셋 다 초면인 것 같네. 제주도에 혼자 여행 오는 여자들은 많고 흔한데, 그런데도 나와 같은 처지의 사람들이 문을 사이에 두고 반가웠다. 방 안에서 꾸깃 구겨져 있는 나의 존재를 그들은 알지 못한다만. 열 시 즈음엔 냉장고에 쟁여놓은 맥주를 가지러 나가야 했다. 오종종 마루에 앉아 세 여인은 나름의 아이스브레이킹을 하며 가벼운 수다를 나누고 있었다.

"어, 안녕하세요~? 안에 계셨구나….'

"여기 앉으세요. 저희가 너무 떠들었죠?"

"제가 나이가 좀 많아서…."라는 나의 사양의 말에 한 처자가 말했다.

"어우, 저도 되게 많아요. 저 삼십 중반 딱 찍었어요."

어흑. 나는 말이지, 내 나이는 말이지. 나이가 민폐인 것 같은 그런 나이가, 어쩌다 됐을까. 두어 번 사양하다 못이기는 척 주저앉았다. 잠깐이나마 그 자리를 공유해야, 젊은 처자들이 웃고 떠들며 편하게 밤을 보낼 수 있을 것 같았다. 여지도 없이 방에 쑥 들어가 버리면, 문 닫고 들어앉은 중년 아줌마가 내내 신경 쓰일 터이니.

게스트하우스 공유 공간에서 낯선 여행자들이 함께 시간을 보내고, 친구가 되기도 하고, 다음 행선지로 뜻 맞춰 떠나기도 하고. 밤샘 파티도 있고, 커플도 나오고 등등의 이야기들은 경험하지 않아도 다 들어 알고 있다. 그 밤도 나를 빼면 그러한 자리이겠거니, 생각했다. 나와는 너무나 동떨어진 나이의 H, E, J와 그런 밤을 함께 하리란 기대는 없었다. 내가 얼른 빠져주는 것이 젊음을 대하는 중년의 예절임을 애써 새기며 타이밍을 보고 있었다. 소중한 큰 맥주 두 캔을 과감히 희사하며.

그러던 그 밤은, 어찌 그런 독한 밤이었을까. 나를 포함한 네 명의 제주 혼행자가 쏟아부은 얘기를 여기 다 전할 수 없다. 고작 스물아홉, 서른, 서른다섯의 나이인데 짧은 인생에 그리 가혹한 날들을 어찌 건너왔을까. 아버지들은 어찌 그리 다 이기적이고 철이 없고, 말도 안 되는 드라마의 나쁜 남자주인공처럼 못된 짓은 다 하고, 엄마들은 그걸 다 감내하고. 그 독한 가족사는 또 왜, 저리 착한 딸들이 다 감당해야 할 일이 되고. 그런 이야기들을 끝도 없이 토해내는 밤이었다. 잘 우는 J가 있었고, 블랙커피를 큰 컵으로 거푸 마시며 잔혹 성장사와 그것을 극복한 성공담을 쏟아내는 H가 있었고, 마음을 다치며 몸도 같이 상해 앞날에 더욱 걱정이 많은 E가 있었다. 한 사람이 고통을 쏟아내면, 그에 교차되는 고통을 다른 이가 쏟아내고, 몸서리쳐지는 이야기들로 새벽 네 시까지 꼼짝할 수 없었다.

나 역시 그 밤의 일부가 되었다. 친구와 꼭 닮은 삶을 살아온 H의 인생담은 먼저 떠나간 친구를 소환했다. 누가 먼저 얘기해보라고 재촉하지도 않았고, 이제 네 차례야, 권하지도 않았다. 자연스러울 수 없는 얘기들이 자연스럽게 터져 나왔다. 나의 괴로움이야 그들에 비하면 미미하다고 생각했지만, 모두 내 마음처럼 같이 흔들렸다. 풍랑에 나무 조각을 밟으며 겨우 물을 건너듯, 네 사람이 똑같이 서로의 이야기에 견딜 수 없이 흔들려댔다. 내 친구 같아서 꼭 안아주고 싶던 H가 내게 말했다.

"언니, 지금도 많이 힘들잖아요. 다 보여요. 지금 언니, 떨고 있어요. 너무 힘들어서 그래요. 제가 그래봐서 알아요. 다 지난 일이라고 하지 말아요. 아직도 많이 힘든 거니까…."

마음만 떠는 줄 알았다. 능숙하게 숨기는 줄 알았던 요동을, 젊고 예쁘고 신나던, 그러나 고단한 삶에 너무 빨리 성숙해 버린 처자들 앞에서 들키고 말았다. 니들, 눈물과 웃음은 또 왜 다 그리 해맑니. 그래, 우린 그렇게 서로에게 들켰지, 다 들켰지. 들키고 싶었지.

새벽 네 시, 독을 쏟은 네 명의 여행자들은 각자의 방으로 돌아가고, 다음 날 짧은 인사와 함께 각자의 여행으로 사라졌다. 완벽한 타인 앞에서 완벽하

게 속을 보일 수 있었던 천진한 밤이었다. 독하고 맑았다. 맺고 얽힌 데가 없어 솔직했다. 겹겹의 기억 사이에 끼워두었다. 잘 빠져나가지 못하게 그 밤을 묶어두었다. 관계와 사람이 아닌 시간과 이야기만 새겨 두었다.

능숙하게 이어오던 많은 관계가 이제는 어렵다. 미숙하게 얽힌 그날의 세 사람, H, E, J. 낯선 곳, 낯선 이에게서 위안을 찾는 마음은 못나고 위험한 일인 걸까. 그렇게나, 극적인 밤이었다.

낯설어야 해제되는 마음은, 다, 위태롭고 안쓰럽다.

청하지 않아도 오는 손님, 친구

    친구를 치르는 일은 흥이 나면서도 등이 무거운 일이었다. 먼저 다녀간 언니들에게는 부리고 싶은 요술 다 부리듯 내가 아는 제주를 다 보여줄 수 있었다. 제주를 알만치 아는 친구들을 기쁘게 해주는 일은 그보다는 어려운 일이었다. 올레 10코스와 송악산 둘레길을 조금 걷고, 바굼지오름(단산)에 오르고 낡고 좁고 굽은 마을길을 걸었다. 추사유배지와 추사관에 들렀다. 산

방산 아래에서 김밥을 나눠 먹고, 송악산 언저리에서 전날 술자리에서 남겨온 골뱅이무침을 꺼내 먹고, 제주막걸리를 한 잔 두 잔 나누었다. 이번 여행에서 송악산과는 인연이 없는지 언니들에 이어 친구들과도 둘레길 한 바퀴를 다 하지 못했다. 친구 하나가 술병이 나서 숙소에 누워 있었던 건 요즘 말로 안 비밀. 다른 친구와 초입만 맛보며 다음에 제주에 오거든 꼭 한 바퀴 다 돌아보라고 일러주었다. 쉽고 편한 길이면서 산 맛과 바다 맛을 다 누릴 수 있으니까.

오후에는 수월봉에 올라 탁 트인 바다와 멀리 보이는 차귀도를 감상했다. 잘 생기고 늠름한 산이 산방산이라면 차귀도는 잘 생기고 늠름한 섬이다. 무인도이며, 두 시간 성노 설리는 유람선 두어가 있다. 한 달이면 제주도 볼 거 다 보고 왔겠다고들 얘기하지만, 제주는 그런 제주가 아니다. 어쩌면 일 년을 살아도 다 못 볼지도. 차귀도 역시 애석하게 두고 왔고, 다음 기회에 꼭 들러볼 섬이다. 수월봉에 이어 올레길 12코스를 걸었다. 나란히 걷지는 않는다. 이따금 걸음이 맞으면 눈 맞추고 실없는 농담 한두 마디 건네곤 이내 자기 걸음대로 걷는다. 친구가 한참 동안 휴대폰에 눈을 박고 있으면 그게 또 그리 안타깝다. '으이구, 이 길을 언제 또 걷는다고. 에고. 이런 풍경을 언제 또 본다고.' 주머니 속 보물을 자랑스레 보여주려는데, 친구가 딴청만 피고 있어 풀 죽은 아이 같은 마음이 들었다. 제주가 내 보물인가보다.

한 친구가 밤비행기를 타야 해, 해 질 녘부터 마음이 바빴다. 쉴 만한 카페도 먹을 만한 식당도 없는 고즈넉한 올레길은 더할 나위 없이 좋은 길이었지만, 챗길 동행이 있으니 속이 볶였다. 굶겨 보내면 어쩌나 걱정이 앞섰다. 비행기 시간에 못 맞출까 나는 애가 달았고, 친구는 해맑기만 하다. 걷고 또 걸어 겨우 버스 편을 찾아 밥 먹을 만한 식당도 찾아냈고, 친구는 시간 맞춰 공

항을 향해 떠났다. 얼마나 힘들었는지 친구들은 모를 거야.

남은 친구와 작은 술상을 차렸다. 우리에겐 제주막걸리와 식당에서 넉넉히 싸준 파김치가 남아있었다. 숙소 사장님은 밤의 끄트머리를 붙잡고 있는 우리에게 냉소주 한 병을 건네셨다. 제주가 후하게 우리를 감쌌다. 혼자였다면 곤한 하루가 쓸쓸한 밤으로 이어지기 십상인데 둘이라, 술이라, 하루의 피로가 이내 사라진다.

다음 날엔 친구를 보내고 그 어느 때보다 나른한 시간을 보냈다. 함께 했던 시간을 돌아보니 소란하고 다정했다. 등에 졌던 짐은 잊히고 같이 누린 흥만 남았다.

"이게 제주구나!"

친구들의 탄성이 내 마음도 부풀렸다. 떠돌이 객인 내가, 네 명의 손님을 맞고 또 보냈다. 언니 둘, 친구 둘. 어떤 마음이냐고 묻는다면 역시나 힘들고 좋았다. 남을 위해 살지 않는 시간을 위해 떠나와선 같은 시간을 살고 있다. 티 안 나는 예민함으로 동행을 배려한다. 나 역시 이방인이기에, 일상의 배려보다는 조금 더 고단한 일이다. 그러나 또한 낯선 곳에서 들이는 공인지라 티도 더 나고 보람도 그만치 크다. 남은 시간은 고요히 보내련다. 아, 참. 월요일에 남편이 오지. 유일하게 예정돼 있던 손님이고, 충분히 자격 있는 손님이다. 언니들보다, 친구들보다 더 잘할게요. 기대하시라.

이제 또 누가 내게 물으려나.

"나 거기 가도 돼?"

제주가 내 것도 아닌데 누구에게 아니라 답하겠는가.

나눠 써요, 제주도.

> **잘한 일:** 친구를 완벽하게 에스코트했다. 또 오라는 맘에 없는 말을 하지 않았다.
> **잘못한 일:** 힘든데 힘들다고 표 내지 않았다. 속 터지는 줄 알았네.

추사관에서 아버지를 떠올리다

　대정읍은 추사 김정희의 흔적이 많은 곳이다. 추사적거지(秋史謫居址)와 추사관에서 추사의 흔적을 돌아볼 수 있다. 8년 3개월의 제주 유배 기간 동안 그는 추사체를 남겼고, '세한도(歲寒圖)'를 남겼다. 초의선사와 소치 허련, 제자 이상적 등 벗과의 우정을 이어가며 질병과 추위와 고독의 험난한 시간을 견디었다. 작년에 국립중앙박물관에서 '완당 세한도'를 접했다. 아둔한 눈으로는 알 리 없는 거친 듯 소박한 문인화 한 장은 추사의 삶을 이해하고 나면 조금 다르게 다가온다. 지위도 권력도 모두 잃은 그에게 잊지 않고 귀한 책을 전해주는 역관 이상적에 보답하려 추사는 '세한도'를 그렸다. '한겨울 추운 날씨가 된 다음에야 소나무와 측백나무가 지지 않은 것을 안다.'는 공자의 글을 빌려 귀양 이전과 이후가 다르지 않은 제자에 대한 고마움을 그림으로 표현했다. 그가 겪은 지난한 세월은 밀쳐두고, 추사와 벗의 고결한 우애만을 생각하며 그 시대의 선비들을 부럽다 한다. '인격적 완성을 위해 끊임없이 학문과 덕성을 키우며, 세속적 이익보다 대의와 의리를 위해 목숨까지도 버리는 정신'을 선비정신이라 한다. 선비는 지금 몇이나 될까. 나는 선비 점수 몇 점쯤 될까. 나는 왕비보다는 선비이고 싶다.

추사는 아버지를 닮았다. 아니, 아버지가 추사를 닮았다. 그럴 리 없지만 그렇다(내 아버지니까 내 맘대로 해두자). 아버지는 선비의 모습이었다. 혹은 스님의 모습이거나 재야 철학자의 모습이었다. 조선시대 선비의 유년처럼 일찍이 천자문을 떼고, 소학, 논어 등을 배웠으며, 월반을 곧잘 했고, 중학교 입학 후엔 영어책 한 권을 통째 외고 그만둔 후 바로 고등학교에 입학했다. 그런 게 가능하던 시절의 이야기이다. 일곱 살 때부터 한약 짓는 법을 익혀 열 살 즈음엔 할아버지가 출타 중일 때 감기약이나 배앓이약 정도를 식접 지을 수 있었다. 그러고 보면 명의 '허준'이었을까. 한약은 아버지의 평생 업이 되었다. 한약이 업이어도 가난했다. 아버지의 가난에는 이유가 있다. 스님이나 목사, 신부, 수녀 등의 약은 공짜로 지어주셨다. 주변에서 그분들을 도와야 그들이 마음 편히 어려운 이들을 살필 수 있다고 하셨다. 미리 마련해 둔 언니의 대학 등록금을 지인에게 먼저 내주셔서 추가 기간에야 언니는 겨우 등록할 수 있었다고 한다. 그이는 신용을 쌓지 못하고 산지라 누구에게도 돈을 빌리지 못할 것이고, 그리되면 그 아들은 학교를 못 다니게 될 거라고, 아버지야 빌릴 곳이 많으니 먼저 그에게 내주는 것이 맞다 하셨단다. 약을 지어주고 못 받은 돈이 많으나 재촉도 원망도 없으셨다. 평생 지켜내신 신념이 많았다. 엄마가 잘 견디어 주어 그 많은 신념이 지켜질 수 있었다. 아버지의 가난엔 그러한 아름다운 죄가 있다.

책을 뺀 아버지의 삶은 설명이 빈약해진다. 선비 같은 성실함으로 공부하셨다. 청빈한 가난을 사셨다. 누구와 어떤 대화를 해도 막힘없는 식견을 가지셨다. 아버지의 방에는 빼곡한 책과 손바닥만 한 서랍이 수백 개쯤 되어 보이는 약장과 널찍한 책상이 있었다. 날짜 지난 신문을 두껍게 쌓아놓고는 책과 약과 술 이외의 시간엔 붓글씨를 쓰셨다. 명필이라 할 만했다. 거무튀튀한 신문지 위에서도 격이 높고 반듯한 글씨였다. 모르는 한자투성이지만 잘생긴 글씨였다. 아버지 글씨 하나를 받아놓지 못해 속상하다. 오남매 자식들 집마다 아버지의 글이 하나씩 걸려 있다면 얼마나 좋을까.

아버지가 조선시대 세도가의 아들이었다면 추사 김정희와 같지 않았을까 이따금 상상해본다. 온화하고 유한 성품이니 추사만큼이나 좋은 스승과 벗, 제자를 가졌을 것이다. 그렇다면 아버지에겐 살아생전 이상적과 같은 지기가 있었을까. 희로애락을 나누는 데 더해 배움과 지식을 나누며 인문의 장을 함께 넓혀갈 수 있는 벗이 있었을까. 나는 그런 벗을 두었는가 생각하면 쉽게 그렇다 말하기 어렵다. 내가 그런 벗이 되지 못하니 나 역시 그런 벗을 갖지 못하는 것이다.

나의 집엔 아버지의 책이 있고, 약재를 달던 낡은 저울, 오래 손이 닿은 붓과 벼루가 남아있다. 살아계실 땐 아버지 좋은 줄 잘 몰랐다. 마음도 닮은 줄 몰랐다. 제주에서 아버지 닮은, 본 적 없지만 연모하고픈 사람을 만났다. 나는 정신이 높은 사람이 좋다.

추사는 이런 시도 남겼다. 지성이 아닌 마음을 담은 시다. 여러 번 곱씹었다. 이런 마음은 나도 조금 닮았다. 제주에 오니 그 마음이 더욱 동하고 채워진다.

나는 천성이 노는 것을 좋아하여
늘 좋은 놀이를 만나거나 좋은 친구를 만나면
낮놀이가 부족하여 밤까지 계속했으며
처자나 집안일 따위는 마음에 걸릴 것도 없이
오직 대나무 한 그루, 돌 한 덩이, 꽃 한 송이, 풀 한 포기라도
진실로 마음에 붙일 만한 곳이 있다면
거기서 세상을 마칠 생각을 가졌지요

하물며 이른 봄과 늦봄 사이 강마을 경치는 더욱 아름다워
꽃은 봉오리가 터지고 새들은 다 둥지를 벗어나
하늘은 엷은 청색을 띠고 물은 짙은 초록을 지으며
만 그루 복사꽃이 붉고 천 그루 배꽃이 희게 다투어 벌어지고

백리 들판에 보리는 푸르고 누렇게 펼쳐졌는데
나는 이따금 홀로 그 속을 거닐며 짐짓 들까치를 설레게 하고
왕왕 노래를 부르며 흰 구름을 뚫고 가곤 했죠

간혹 옛 벗을 만나면 그윽하고, 먼 데까지 마음껏 구경하고
낮에는 역사책을 읽고 밤에는 경전을 공부하며
해가 기울도록 벗을 붙들고 밤중에 귀신과 얘기하며
밤낮의 구경을 다해 흠뻑 젖어드는 흥취를 실컷 푼다면
그 즐거움은 거의 죽음을 잊을 만도 하지 않겠소

10일
오늘 슬픈 집이 많겠다

다시 한림의 첫 게스트하우스로 돌아왔다. 비가 쏟아붓는다. 짐이 많아 어쩔 수 없이 택시를 불렀다. 모슬포에서 한림까지는 먼 길이다. 이만 육천 원. 여행 중 가장 큰 지출이다. 예전에는 어찌 그리 택시를 자주 탔을까. 아까워 죽겠네. 그래도 오늘은 어쩔 수 없다고 합리화해본다. 비가 쏟아지잖아. 짐이 몇 개야. 오두막 같은 한림 숙소에 드니 하염없이 막걸리나 들이켜고 싶은 날씨다. 비 오는 날 술에 젖는 맛을 좀 아는 사람, 나.

비 오는 날엔 미술관도 좋다. 우중 버스도 좋은데, 게으름을 떨다 환승 버스를 놓쳤다. 서부권 해안을 따라 도는 202번 버스와 동부권 해안의 201번 버스는 간격이 촘촘하지만, 기타 안쪽으로 들락날락하는 버스들은 간격이 크다. 택시로 갈아탔다. 비 오는 날 택시도 좋다. 어쩌면 더 좋다. 돈이 들어 그렇지. 제주도립김창열미술관과 제주현대미술관은 가깝게 붙어 있으니 함께 누리자. 전시만큼이나 공간도 훌륭해서 시간 여유가 될 때에는 꼭 들러볼 만하다. 비 오는 날이라면 더구나 들러보기 좋을 터.

비 그친 후 숙소 옥상에 올라 김밥과 막걸리로 이른 저녁을 해결하고, 일

찍 침대에 눕는다. 인생영화 중 한 편인 「지슬」을 다시 보기 가장 적당한 날, 4월 3일은 제주항쟁 기념일이다. 제주엔 오늘 슬픈 집이 많겠다. 1948년 4월 3일은 제주도의 죄 없는 민초들이 삼 만에서 오 만 가까이 이유도 모르고 죽어간, 예전엔 몰랐던 우리 역사의 한 페이지다. 억울한 혼령에게 올리는 제사, 위령제, 진혼곡 같은 영화. 목울대가 자주 꿀렁하고 명치끝이 아리다. 풀잎 같은 민초들의 억울한 죽음을 기억하며, 그들의 넋과 가족의 평온을 빈다.

  흑백으로 제주를 담은 영상은 사진집을 넘겨보듯 아름답다. '용눈이오름'에 서면 영화의 처연한 한 장면이 떠오른다. 제주 출신 '오 멸' 감독의 작품이다. '「지슬」이 여느 한국 영화와 다른 독특한 점이 있다면?' 강의에서 퀴즈의 답을 맞추고 상을 받은 적이 있다. 정답은? 자막이 있다는 점. 없으면 도통 이해할 수 없다. 조곤대는 제주 사투리가 정답고 구슬프게 귓바퀴에 말린다.

제주를 여행하면 곳곳에서 4·3의 역사를 만날 수 있다. 지나는 길에 잠시 머물면 여행이 조금 깊어진다.

잘한 일 : 전집에 가서 막걸리나 들이켜고 싶은 걸 참았다. 절제!
잘못한 일 : 택시를 두 번이나 탔다. 지구야, 미안해.

11일

굴렁지고 오시록헌 길을 꼬닥꼬닥 잘 걸었다

　계획 없이 걸었다. 나서면 다 길이고, 좋지 않은 길이 없어 별스런 계획이 필요치도 않다. 날이 스산해 바다가 더 좋았다. 금능해수욕장. 정처 없이 걷다 보면 또 그 길이 올레길일 때가 많다. 올레 14코스, 간세 따라 리본 따라 걸었다. 올레 리본이 보이면 마음이 놓인다. 리본이 날리면 마음도 날린다. 삶의 길에도 갈림길마다 리본이 달려있다면, 사는 게 쉬울까? 나는 누군가에게 리본이 되어준 적이 있던가? 사는 건, 직접 부딪혀 보는 수밖에 없다. 내 삶의 리본은 내가 매는 수밖에. 믿고 가는 수밖에.

　바람이 어찌나 불던지, 뜨거운 오뎅 국물이 간절했다. 그래도 걸었다. 바람 싸대기 세게 맞으며. 바당길보다 숲길이 좋고, 숲길보다 밭담길이 좋고, 밭담길만큼 마을길이 좋다. 낡고 닮은 건물 앞, 닫힌 문 앞에서 물끄러미 안을 살핀다. 새것 앞에선 오래 머물 이유가 없다. 낡은 것 앞에서 시간을 헤아린다. 함께 여위어간 누군가의 마음을 생각한다. 금능도 아늑하다. 낮은 담을 따라 걸으며 '살아보고 싶다.'고 생각한다. 모슬포는 어쩌지.

　'진아영할머니' 삶터에서 4·3을 되새긴다. 1949년 1월 12일, 제주 한경면

불량주부 명랑제주 유배기

판포리에서 토벌경찰의 총에 맞아 턱을 소실한다. 고작 서른다섯이었던 그녀는 음식도 먹지 못하고 말도 잃은 채 흰 무명천을 두르고 마을 외출도 삼가며 숨어 살았다. 그래서 '무명천 할머니'라 불린다. 진통제 없인 하루도 살지 못하는 고통 속에서 55년간 두려움과 외로움의 생을 이어가다 2004년 9월, 90세의 나이로 영면하셨다. 제주 4·3의 잔혹한 상처가 오롯이 배어있는 삶이다. 그 흔적이 고스란히 보존된 작은 집과 무명천 벽화길, 무명천 산책길이 올레 14코스에 있다. 억울하게 희생된 이들의 슬픈 삶을 추념하며 걸음을 조금 무겁게 한다. 신나서 방방 싸돌아다니는 것만이 여행은 아니다. 때로는 가볍고, 때로는 무겁게. 마주치는 모든 것들을 조금은 깊이 있게 누리고 담는다.

금능해수욕장에서 시작해 '월령선인장자생지'와 '무명천숲길'을 지나, '굴렁진숲길'도 지나 '큰소낭숲길' 즈음에 닿았다. 역방향으로 걸었으니 조금만 더 가면 14코스 시작점인 저지예술정보화마을이다. 시작과 끝을 다 걷는 것에 큰 의미를 두진 않지만, 기운이 남고 해도 기니 더 걷고 싶었다. 아뿔싸. 개에 막혀 가던 길을 돌렸다. '오시록헌 농로'를 걷던 중이었다. 더 걸을 수 있는데. 끝까지 갈 수 있는데. '노인보호구역 30'을 따라 노인보다 느리게 풀죽어 걸어 나왔다. 버스정류장 근처를 배회하다 보니 샛길 너머로 바다가 보

인다. 작은 포구에서 잠시 쉬어간다. 먼 데서 풍차가 두둥 돌고 있다. 신창리로구나. '악마호'. 포구에 묶인 작고 시퍼런 배를 보니 선장님이 궁금하다. 피식, 웃게 하는 이름이다.

사람은 없고, 자리는 좋고. 정자에 걸터앉아 떠돌이 나그네처럼, 또 한 번 김밥에 막걸리로 끼니를 때운다. 바람이 너무 불어 꺼내놓고 먹을 수도 없어 가방에 구겨 넣고는 잔뜩 웅크린 채 와작와작 씹어 먹었다. 몸을 펼 수 없는 바람과 거뭇한 구름에 속까지 차고 시리다. 혼자라 쓸쓸하고, 혼자라 좋은 그런 날이었다. 그런 걸음이었다. 대단한 생각 같은 거 없이, 머릿속이 가벼워 몸도 가벼워진 듯. 대책 없이 느려, 영혼도 따라오기 쉬운 걸음이었다. 오늘 하루도 역마스럽고 한량스럽게 살게 해주셔서, 감사합니다. 누구에겐지도 모를 감사의 말을 곱씹으며 숙소로 돌아왔다.

(굴렁진=움푹 패인, 오시록헌=아늑한, 꼬닥꼬닥=천천히, 바당=바다)

개 막혀서 길 막히니 기막히다

개한테 늘 기 눌리는지라, 두 번이나 거푸 개를 만나고 그만 돌아서고 말았다. 한 오 분 이상 미동도 없이 내 앞에 떡 버티고 서있는데. 비겁한 눈빛과 비루한 몸짓으로 한 번은 극복했으나, 허기진 눈빛으로 골목을 휘젓는 두 번째 개는 어쩌지 못하고 돌아서 꽁지 빠지게 걸어 나왔다. 개에게 물린 적이 여러 번이라 극복이 어렵다. 여섯 번? 일곱 번? 더 물린 사람 있으면 나와 보세요. 귀신보다 개 무섭다. 귀신은 안 무는데 개는 물잖아. 예쁜데 무섭다. 남자들이 아내 바라보는 것이 그와 같을까? 이쁜데 괜히 무서운. 그나저나 내가 바라는 건 개 무시뿐. 스쳐 가자, 얘들아.

대목대목 길이 무서울 때가 있다. 나에게는 개를 만날 때가 그 일 번이고, 여성 혼행자에게는 사람 하나 없는 스산한 길이 그럴 것이다. 무시무시한 사건 소식을 때때로 뉴스에서 접하기도 한다. 약간의 리스크는 안고 걸을 수밖에 없다. 대책을 잘 마련하고 걸을 수밖에. 혼자 걸을 때는 올레 여행자 안내소에 미리 경로를 알려놓을 수도 있다. 나처럼, 길에서 만나는 개가 무섭다는 사람들도 더러 있는데, 달리 방법은 없고 막대기 같은 걸 들고 다니면 어떻겠냐는 조언을 여행자 안내소에서 들었다는 분도 있다. 때로는 아찔한 경사로가 겁나기도 하고, 뱀이라도 나올까 두려울 때도 있다. 으슥한 숲길을 혼자 걸을 때는 멧돼지가 나를 지배한다. 갑자기 나타나면 어쩌지? 죽은 척한다. 나무를 타고 올라간다. 가방을 거세게 집어 던지겠다…. 열 가지쯤 방법을 만들어보지만, 내 생각에 가장 효과적인 방책은 멧돼지 머리통에 겉옷을 확 뒤집어씌우는 것. 그 순간 잠깐 앞을 못 볼 테니 잽싸게 도망쳐버려야지(말도 안 되는 거 다 알아요). 한때 이 생각으로 늘 겉옷을 손에 쥐고 숲길을 걸었던 적도 있다. 그렇게 하고라도, 그런 위험 속에서라도 걷고 싶다는 어리석지만 간절한 마음.

안전은 당연히 우선순위 일 번이지만, 길이 주는 기쁨 또한 일 번이다. 도심이라고 안전하기만 할까. 도심의 외진 길을 대비하듯 미리 대비하며, 예습하듯 길을 공부하고 방책을 만들어 기회 될 때마다 떠나고 싶다. 개를 보고 도망칠 만큼 나약하지만, 개 막힌 길을 잊고 다시 또 떠날 만큼은 용감하다. 개를 다시 만나면, 큰 옷으로 확 덮어 버려야지. 혹은 무릎 꿇어야지.

나이 먹을수록 여자는 점점 드세진다고들 말한다. 생활력이야 강해지겠지만, 그렇다고 그것이 꼭 용감해진다는 의미는 아니다. 일상 밖에서 새로움에 부딪히고 난관에 처하며 때로는 적응하고 때로는 넘어설 때 비로소 용기가 생긴다. 용감해져야 하는 이유는, 알게 모르게 우리는 안으로 나약해지고 있기 때문이다. 밖으로 용기를 닦지 않으면 안으로 무너지는 나약한 마음을 감당할 수 없는 어떤 날이 올 수도 있으니까. 그러고 보니 나도 용감해지려 유배 왔구나.

잘한 일 : 비바람에 오들오들 떨면서 18,000보나 걸었다.
잘못한 일 : 개 앞에서 비겁했다.

유일하게 예정된 손님, 남편이시옵니다

싸우고 떠나온 여행이었다. 이후 주고받은 통화나 문자 등은 다소 겉치레였다. 그가 온다면 좀 더 신경 써야 할 일이다. 유배건 상이건, 한 달을 지내겠다며 떠나온 것은 분명 혼자 남은 사람에게 고마운 일이니까. 저라면, 석 달도 보내드리겠습니다만. 차가 있다면 공항까지 버선발로 운전해서 나가

볼 일이지만, 남편이 차를 빌려 숙소로 픽업 온다. 오랜만이에요. 세탁기는 잘 돌리셨는지요?

'곽지 해녀의 집'에서 해물라면과 성게미역국으로 아침을 해결했다. 남편과 있는 동안은 잘 먹고 잘 지낼 예정이다. 고객님을 위해 일정을 짜고 숙소도 예약하고 끼니 리스트도 꾸려놓았다. 식당을 찾아가는데 몇 번을 헤맸다. 나이를 먹으며 내비게이션 독해력도 떨어진다. 그도, 나도 같이 그렇게 늙어간다.

요즘 남편은 걷기와 드론에 빠져있다. 걷기와 매출이 비례한다는 근거 없는 이론을 가지고 있다. 걸으며 형편이 좋아진 건 사실이다. 매출과 상관없이도 걸을 일이지만, 걸을수록 잘 번다니 하루 종일 걸을까. 제주도만큼 걷기 좋은 곳도 없으니.

150미터쯤 되는 당산봉에 올랐다. 올레 12코스에 속한다. 사진에 찍히는 파랑보다 바다는 더 맑은 파랑이다. 흰옷을 담그면 파란 물이 밸 듯하다. 함께 걷는 일은 사는 일보다 수월하다. 말을 아끼게 되니 싸울 일도 잘 없으며, 가끔 서로 사진이나 찍어주면 될 일이다. 더 늙어 꺼내 보면 싸웠던 일은 잊히고 추억이 노년을 위로해주겠지.

생이기정길을 걸었다. 차귀도가 보이는 벤치에 차귀도처럼 누웠다. 생수

병 두 개를 나란히 세워 두니 바다색 물빛이 된다. 싸우면서 정든다 하고, 싸우면서 큰다고 하는데 들 만큼 정도 들고, 클 만큼 다 큰 어른은 싸우다 어찌 될까. 포구에 오징어가 마른다. 마른 바람에 그림자도 바삭하다. 누가 못생긴 남편 보고 오징어 같다 했지. 가지런히 마르는 오징어가 남편보다 예쁘다. 연하고 순하다. 나도 같이 나란히 마르고 싶던, 오징어도 예쁜 계절이었다. 점심은 내 스타일로, 정자에서 김밥에 막걸리. 남편에게 유배 체험을 시켜주었다.

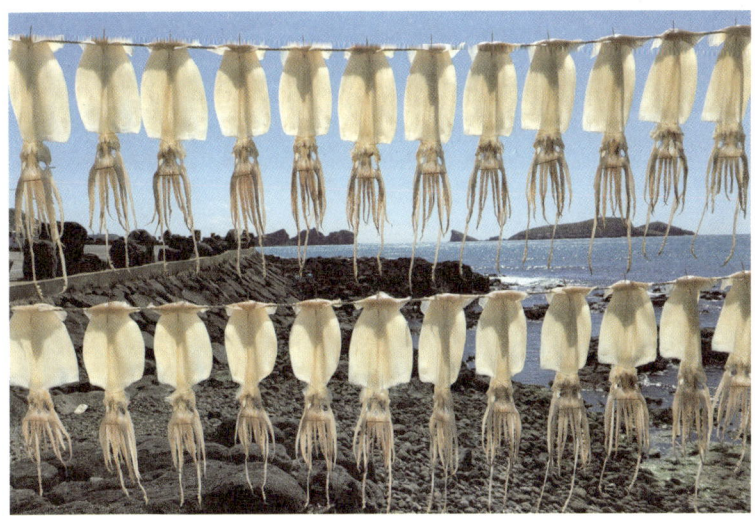

우도는 처음이라

  내 머리 속에서 우도는 소란한 섬, 그래도 한 번은 꼭 가보려던 곳이다. 남편과 함께 처음 우도에 가본다. 차귀도 앞 포구에서 성산항까지 꼬박 두 시간, 서쪽 끝에서 동쪽 끝 제주 동서 횡단엔 딱 그 정도의 시간이 걸린다. 소란을 피하려 늦은 오후에 들어간다. 스쿠터, 전기차, 전기자전거 등 다양한 탈 것들이 즐비하다. 자전거를 못 타는 모지리 어른은 해안을 따라 질주하는 청춘들을 동경한다. 언제고 배울 일이 있을까? 당장은 뚜벅뚜벅 걷는 여행만으로도 충분히 행복하다. 세 시간 3만 원이면 탈 것으로 우도 한 바퀴가 가능하다지만 우리는 걸어서 천천히, 저녁과 아침의 우도, 소란이 잦아든 우도를 즐겨보련다.

저녁 여섯 시 무렵, 마지막 배가 하우목동항을 떠나니 이내 한적한 우도가 된다. 해지는 방향으로 창이 난 숙소에 짐을 풀고 아직 높이 떠 있는 해를 확인하곤 느긋한 산책을 나섰다. 지는 해를 따라가자. 소머리오름(우도봉)에도 인적이 드물다. 나란히 손잡고 걷지는 않지만 걸음의 속도는 잘 맞는다. 앞서기도 하고 뒤서기도 한다. 재촉하지 않고 너무 처지지 않으려 적당히 간격을 맞춘다. 오래 산 부부의 산책은 딱 그 정도면 좋다. 손에 땀이 차도록 꼭 붙잡고 다니던 시절도 있었다. 남편은 이따금 그때를 재현하고 싶어 한다. 언제부턴지 나는, 어색하다. 더께같이 앉은 감정의 앙금을 느끼면서 없는 척, 아닌 척할 수가 없다. 다시 좋은 사이가 된다 해도 지금처럼 걷고 싶다. 앞서거니 뒤서거니, 이따금 나란히.

우도봉은 야트막하지만, 정상에서 보면 망망한 풍경이 펼쳐져 마치 세상을 다 가진 듯 허리가 펴지고 기운이 살아난다. 흰 해녀상과 등대 뒤로 펼쳐진 바다는 짙푸른 물빛으로 지는 해의 기세를 당당히 받아낸다. 바다에 면한

밭둑은 노랗게 물들며 시간의 흐름을 알려준다. 저녁으로 가고 있다. 우도에 해가 진다. 우도봉에서 보려던 노을은 아직 다 오지 않았고, 바닷가 횟집까지 해를 몰고 가 비로소 술안주처럼 노을을 감상했다. 한 잔 먹고 노을 한 번, 또 한 잔 먹고 바다 한 번. 싸우던 못된 마음도 함께 저물었다.

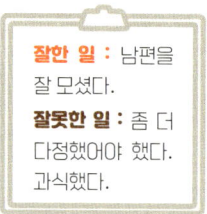

잘한 일 : 남편을 잘 모셨다.
잘못한 일 : 좀 더 다정했어야 했다. 과식했다.

우도는 아침과 저녁이 좋다

   오십이 넘으니 두 내외, 잠도 일찍 깬다. 눈 뜨면 이불을 박차고 나오려 여전히 애쓰고 있다. 걷다 보니 해가 뜬다. 해 뜨는 방향으로 걷는다. 밭과 밭 사이를 걷고, 돌담을 따라 걷고, 청보리 따라 흐느적대다가 검은 소와 인사

한다. 조금 밝고 조금 어두운 이 시간이 이렇게 좋은 걸, 이 나이 돼서야 알게 되었다. 오십 살, 차츰 부지런한 인간이 되어가고 있다.

  이른 아침 우도는 저녁보다 고요하다. 이 맛에 우도에서 자려 한 거지. 우도 2일차, 남편 고객님께 제일 먼저 권한 코스는 자전거 타기. 이 나이 먹도록 자전거를 못 타는 나는 같은 시간, 터덜터덜 걷는다. 텅 빈 길이 충만하다. 산호해변 서빈백사에서 바라본 바다가 투명하다. 모래도 바다도 말갛고 곱다. 투명하게 하루가 시작되었다.

걸음을 붙잡은 것은 소리였다. 휘이이~ 휘이~

숨비소리. 물질할 때 깊은 바다 속에서 해산물을 캐다가 숨이 턱까지 차오르면 물 밖으로 나오면서 내뿜는 휘파람 소리. 글자로만 알던 것을 몸이 듣고 마음이 받았다. 내 생에 들었던, 가장 간곡한 소리였다. 두 발을 모래에 묻고, 오래 멈춰 들었다. 숭고하게 하루가 시작되었다.

영화 「물숨」을 떠올렸다. 제주 출신의 고희영 감독이 우도 해녀들의 일과 삶, 눈물과 웃음 등을 7년간 기록한 다큐멘터리 영화다. 우도의 푸른빛 바다, 파도, 바람, 들판과 하늘 등등 우리를 눈 호강하게 하는 그곳이 바로 제주 해녀들의 치열한 삶의 현장이다. 멀미를 할까봐 식사도 하지 않은 채로 하루 일고여덟 시간씩 물질을 한다. 숨을 참을 수 있을 만큼 작업을 하다가, 한계에 도달하기 직전 물 밖으로 나와 휘이이~~ 휘이~~, 숨비소리를 내며 숨을 고른 후 다시 물속으로. 그렇게 종일 숨을 참아가며 일한 대가는 영화 대사처럼 '이승의 밥이 되고, 남편의 술이 되고, 자식들의 공책과 연필이 된다.' 이 한 줄의 문장은 눈물이다. 밥과 술, 공책과 연필, 그 어디에도 해녀 그들을 위한 것은 없다. 대가를 바라지 않는 한정 없는 모성애, 가족애. 그것이 아니라면 그렇게 숨을 참을 수도, 예순이 넘고 칠순 팔순이 넘도록 그 모진 노동을 할 수도 없었겠지.

때로는 눈앞의 욕심을 놓지 못해 자신의 한계를 그만 넘어서게 되고, 그래서 물 밖으로 나오지 못한 채 물속에서 숨을 쉬게 되는데, 그것이 바로 물숨이다. 물숨은 욕심의 숨, 해녀들에겐 그래서 죽음을 의미한다. 눈앞에 아무리 큰 전복이 있어도, 행여 그것을 캐던 중이라도 숨의 한계에 다다르면 주저 없이 물 밖으로 나와야 하는데, 손안에 들어온 욕심을 놓기가 어찌 쉬울까. 그들이 목숨을 내어주면서까지 부렸다는 그 욕심이 우리네가 벌이는 욕심에 비해 너무 소박해서, 그런데 그 대가가 너무 가혹해서 무참하다. 공평하지 않다, 삶은, 결코.

먹먹한 소리 앞에서, 숭고한 노동 앞에서 한없이 작아졌다. 너는 왜 사니. 너의 목표는 무엇이니. 너는 어디까지 숨을 참아봤니. 너는 단 한 번도 진정한 숨비소리를 내 본 적이 없어. 숨을 참을 만큼 견뎌본 적이 없으니까. 내 속에 내가 너무나 많다는 게 이렇게 부끄러울 수가 없다. 사랑과 희생은 늘 함께 가는 걸까. 나도 많이 사랑하는데 나도 희생하고 있는 건지, 나도 때론 포기하는 게 있고 참는 게 있긴 한데, 그 정도를 가지고 희생이라고 해도 되는 건지. 꼭 희생해야만 사랑한다고 할 수 있는 건지. 삶의 바다에 좀 더 적극적으로 나를 던져야 하는 건지. 어떻게 저들은, 제주의 해녀들은 팔순을 훌쩍 넘겨서까지 그렇게 거침없이 자신을 바다에 내던질 수 있는 건지. 부끄러움의 궁지로 나를 몰아넣는다. 부끄러움을 아는 사람이라 다행이다. 많이 부끄럽다가, 부끄러움의 끝에서 숨을 참는 사람이 될 수 있길. 숨비소리가 죽비가 되어 나를 후려쳤다.

  캠핑 성지라는 비양도에서 보말죽과 소라구이와 우도막걸리를 먹었다. 어린이들의 까르르 웃음소리가 맑은 햇빛 사이로 쏟아진다. 우도초등학교 아이들이 소풍 왔단다. 요즘처럼 아이들이 짠한 때가 있었을까. 빈틈없이 마스크를 꼭꼭 눌러 쓴 아이들, 동심만은 다치지 않기를. 비 오는 날 우산 쓰고 소풍 간 일도 추억이 되듯, 마스크를 쓰고 소풍 간 일도 어느 날엔가는 웃으며 떠올릴 일이 되길.
  우도에서 저녁을 보내고 아침을 보내니 고요하기만 하다. 때만 잘 고르면, 복잡한 섬이 아니다. 아침이 더 좋았다. 다시 말하지만 정말 정말, 아침형 인간이 됐나보다.

> **잘한 일 :** 해녀님께 우도땅콩도 파는지 적극적으로 여쭤봤다. 남편을 위한 일이었다. 소라구이가 2만 원인데, 혹시 만 원어치도 파는지 적극적으로 여쭤봤다. 나를 위한 일이었다.
> **잘못한 일 :** 아침부터 막걸리 한 병을 다 마셨다(남길 순 없잖아).

날이 좋아 절에 가요

생각지 못한 좋은 길을 걸었다. 공짜로 갖다 쓰는 자연이 감사하다. 머체왓숲길은 남편과 걸은 중 최고의 길이었다. 6.7km 원점 회귀형 산책로. 숲이 몸에 들어왔다. 자연이 마음에 배었다. 이만 보를 넘게 걸으니 열 시면 잠이 쏟아진다. 야식을 먹지 않고, 곤히 잠들고 일찍 일어나는 일과가 이어지고 있다. 요즘은 몸이 하는 일만 있고, 마음은 겨우 부분만 쓰고 있다. 그래

도 다, 괜찮다. 더 괜찮다.

날이 좋아 절에 간다 하면, 부처님께 혼나려나. 절이 예뻐 절에 간다 하면, 스님이 면박하려나. 쉬다 오고, 놀다 오고, 졸다 오고, 걷다 오고. 때로는 울고도 오고. 절에 갈 이유는 많고도 많다. 제주에서 절에 들르긴 처음이다. 늘 바쁘게 짧게 다녀가다 느리고 느긋한 여행을 하니 절에서 놀다 갈 여유도 누린다. 일주문까지 난 길에는 염주를 두른 불상들이 양편에 길게 도열해있다. 사람들의 염원이다. 일주문과 사천왕문을 지나면 '해월굴'이 있다. 관음사를 창건한 '해월당 봉려관' 스님이 해월굴에서 6년간 용맹정진하며 큰 깨달음을 얻었다고 한다. 사람 없는 작은 굴 안에 잠시 머물렀다. 절에 오면 대개 남편과는 분리돼서 움직이는 편이다. 어디쯤 걷거나 앉아서 쉬고 있겠지. 절의 고요를 넉넉히 누릴 수 있게 남편은 잘 기다려준다. 나이 들며 그런 면에서는 꽤나 여유로워졌다. 담배 피던 시절에 남편은 잠깐의 틈도 견디지 못하고 화를 내곤 했었다. 담배를 끊으니 몸에도 주변에도 건강한 여유가 흐른다. 금연은, 사랑입니다.

대웅전에 절을 올리고, 미륵대불 앞을 오갔다. 사진을 찍어달라고 남편에게 청했다. 아주 멀리서 나를 손톱처럼 작게 찍어 달라고 청했다. 초록 치마 입은 뒷모습이 금빛 미륵대불 앞에 공손하다. 초록 치마 입길, 참 잘했어. 슬슬 돌아나가려던 차에, 지나던 보살님이 고마운 말을 건네준다.

"저 위로 조금만 올라가면 멀리 바다도 보이고, 풍경이 좋은데. 안 멀어요, 꼭 가보셔요!"

예전 같으면 모든 오르막에 손사래를 쳤을 텐데, 이제는 오르라면 오른다. 친절하게 권해주신 말씀이 고마워 기분 좋게 오른다. 미륵불 옆 오르막을 지나 계단 몇 개를 오르면 나한전, 아미당, 백록원이 나란히 서 있다. 나무 계단과 큰 나무와 작은 암자 세 개가 멋진 정경을 만든다.

나한전 옆 마당에 스님의 야외 다실이 있다. 스님이 차를 내주셨다. 10년을 넘게 드나들어도 스님과 차를 마시기는 이번이 처음이라며, 옆에 자리한 보살님은 날더러 복이 많다 하였다. 스님이 푸근히 웃어 주며 차를 건네시니 나 역시 내가 복이 많다 생각했다. 어쩌다 나의 한 달 여행을 얘기하니 아주머니 보살님 기막혀하신다.

"어이구, 우리 며느리가 한 달을 여행 간다고 하면 우짤라나. 아이고 참."

실은 저희 시어머님도 모르셔요. 어쩌면 댁내 며느님도 모르게 할지도. 책이 나오면 그때에나 책을 들고 가 말씀드려볼까. '어머님, 여행책 내고 싶어서 다녀왔어요.'

모든 걸 나 고하며 살 수는 없다. 정직하지 못한 불효를 조금 하고 그로 인해 더 많이 행복하게 살면, 결국 그게 더 큰 효도일 거라고 합리화해본다. 대신, 내 자식들도 그러겠거니, 각오는 해야겠지.

어느덧 해 질 녘이고 스님의 난로를 떠나기 싫다. 제주에 머무는 동안 또 놀러 오라는 스님 말씀에 그러겠노라 하곤 약속을 지키지 못했다. 다음 여행 때 공손하게 들러야지.

짐을 줄이고, 장비를 새로 갖추고

짐이 과했다. 친구들 편에 소용되지 않을 짐을 한 번 올려보냈고, 다시 추려 택배를 보낸다. 이제 2주쯤 지나니 날씨도 더워져 두꺼운 옷도 필요 없다. 다음 여행 때는 한결 더 짐을 줄일 수 있겠다. 사는 것과 달라서, 여행은 그리 많은 것을 필요로 하지 않는다. 긴 여행의 경험이 부족했다. 가벼우나 꼼꼼하게 챙겨올 수 있는 요령을 하나씩 배워간다.

햇빛 알러지가 심하다. 그에 대비할 수 있도록 장갑과 기능성 셔츠를 사고, 비바람에 견딜 수 있는 방수 재킷을 하나 샀다. 남편 찬스. 나이 먹을수록 점점 필요한 게 적어지니, 서로 채워주며 느끼는 보람도 덜해진다. 집 떠나 객지 생활하려니 전에 모르던 불편과 부족을 느끼고, 무언가 소용되는 것을 청하니 남편도 기분 좋게 베푸는 눈치다. 그 주머니가 그 주머니겠지만, 그래도 나는 유배 중이니 내 카드를 아끼고 남편 카드로 필요한 것을 채워 넣었다. 오가는 카드 속에 부부애는 더욱 돈독해진다. 잘 입고 잘 쓸게요. (하지만 옷가게에서 당신이 했던 멘트는 완전 망이었어. 불필요하게 나의 몸매를 언급하는 것이, 꼭 무슨 불륜커플 같았…지만 웃겼어.)

잘한 일 : 남편을 잘 먹이고, 노래방까지 가서 흥을 돋아주었다. '화장을 고치고'를 열창했다. 남편이 늘 청하는 곡이라 매번 부르려니, 좀 지겹긴 하다만. 언제나 노래는 내가 다 부른다. 목 아파 죽겠지만 부른다.

잘못한 일 : 스님께 경망히 말을 건네다, 옆자리 보살님께 핀잔을 들었다. "스님, 관음사에 얼마나 계셨어요?" 이런 유의 질문을 하면 안 되는 건가 보다. 몰랐습니다. 스님은 괜찮다 하셨고, 또 오라 하셨는데.

15일
남편을 보내고, 다시 예전처럼

아침 일찍 남편이 떠났다. 여행의 반이 지났다. 시즌 2 시작이다. 전반전은 다소 계획을 비껴갔다. 언니들과 친구와 남편이 손님처럼 다녀갔다. 미련한 일상을 다시 반복하고 있는 것만 같아서 어이없기도 했지만, 허투루 할 수는 없었다. 나를 향해 날아올 때, 기쁘고 들떴을 그들의 마음을 생각한다. 제주만으로도 설렜지만, 기다리는 이가 있어 더욱 설렜을 거야. 혼자 비행기를 타고 온 친구들은 혼행의 뿌듯함에 잠깐이나마 짜릿하고 충만했다고 말해주었다. 작은 성의가 그들에게 닿아 더 큰 날갯짓으로 빛났다. 남은 반의 시간은 고요하리라. 검약하리라. 느려 터지리라. 흐르듯 흘러가리라. 부디 나를 지켜라. 돌아가서 후회하지 않도록. 나에게만 충실해라. 나와 남 사이, 여행 산성을 쌓아라.

동문시장이 코앞이니 그냥 가기 서운하다. 끼니를 구하러 어슬렁거리다가 낯설지만, 눈에 쏙 들어오는 제주 음식을 마주했다. 빙떡. 이런 빙~~떡 같으니. 말장난하고 싶은 이름이다. 딱 봐도 시크해보이시는 할머니 주인장님께 공손히 여쭈었다.

"사장님, 이거 따뜻하게 데워 주실 수 있나요?"
"지금 막 해놨고만 뭐이 데워달래나?"
"아, 네네. 간장 좀 주실 수 있을까요?"
"간장 없이 먹는 거구만."
"네. 젓가락은요?"
"손으로 먹는 거라게."

 빙떡처럼 빙빙 도는 대화지만, 내 맘에 쏙 든다. 말투가 막 쿵쿵 울리며 이상하게 순종하고 싶은 사장할머니. 닮고 싶은 도도함을 가지셨다. 연하고 부들한 메밀 반죽에 순댕한 무나물을 돌돌 말아 넣은 빙떡은 어디 하나 튀는 데 없는 무심한 맛이다. 모양으로 보면 케밥 같달까, 또띠아나 브리또랑 비슷하달까. 그러나 그보다 훨씬 간결하고 소박해서 내 입맛에 딱이다. 이 역시 유배의 맛이다. 도도한 할머니의 심심한 빙떡으로 오랜만에 소담한 아침 식사를 느긋하게 즐겼다. 바라던 여행의 일상으로 다시 돌아왔다.

 한림 - 모슬포 - 다시 한림 - 우도 - 교래 - 공항 근처를 떠돌던 생활에서, 상대적으로 '정주(어떤 장소에 머무르다)'라 불러도 좋을 만한 시간, 일주일을 머물 곳 송당리로 향한다. 그 전 2주의 시간은 처음이라 어설프고 들뜨고, 찾아온 육지 손님들이 세 번쯤 있어서 경황없고(그렇다면 나는 바닷것인

가) 마음을 모으기 힘든 시간이었다. 이후에도 그리 잘 모은 건 아니었지만.

나의 환승 버스를 두고 어르신 두 분이 한참 실랑이를 하셨다. 누구 편을 들 것도 없이 슬며시 휴대폰 앱에서 확인하고 적당히 잘 갈아 탔다, 라고 생각했는데 잘못 탔다. 잘못 내린 정류장에서 황망해하고 있는데, 타이밍 좋게도 택시 기사님이 끼어드신다. 숙소가 어딘지 훤히 아시기에, 냉큼 그 택시를 잡아타고 숙소에 도착했다. 주인장님은 마침 당근주스를 내리고 계셨고, 덕분에 막걸리 대신 김밥에 당근주스로 한 끼를 건강하게 해결한다. 동문시장에서 김밥 사오길, 참 잘했다!

오후는 그냥 숙소에서 뒹굴 참인데, 사장님이 가까운 오름을 권하신다.

"입구에 내려줄 테니, 거기서 오름 두 개를 넘어서 오세요. 안돌 넘고, 밧돌 넘어오면 우리 동네가 나와요~"

오름 두 개 넘어오면 집이 있다는 말이, 왜 그리 정겨웠을까.

안돌오름 입구에는 핫플레이스로 명성이 자자한 '비밀의 숲'이 있다. 입장료 3천 원을 내고 들어갔지만, 비밀스런 데라곤 하나 없는 번잡함과 크게 울리는 팝 음악에 깜짝 놀라 얼른 지나쳤다. 숲이 미운 게 아니라, 숲을 잘못 쓰고 있는 사람이 미웠다. 개인의 취향에 따라 호불호가 크게 갈릴 만한 곳(좋

다는 사람이 훨씬 많아요). 걸음을 서둘러 안돌오름에 올랐다. 비밀의 숲엔 그리 많더니, 오름에선 다섯 사람도 채 만나지 않았다. '비밀의 숲'이 딱 오름 입구이거늘, 어찌 여길 들르지 않고 그냥 가버리는 거지? 가만 생각하니, 예전의 나여도 그랬겠다. 오를 엄두를 안 냈을 테고, 오를 이유가 없었을 것이며, 그리 알려지지 않은 곳이니 쉽게 패스했을 것이다. 지금의 여행과 그때의 여행이 다르다. 함께의 여행과 혼자의 여행이 다르다. 그때는 철없었고, 지금은 철드는 중이다. 함께는 신나고, 혼자는 쉼이다. 철은 딱 반만 들기로.

흙과 풀과 짙푸른 나무와 오름과 하늘, 겹겹의 레이어를 따라 눈을 멀리 보낸다. 저절로 큰 숨이 시원하게 쉬어졌다. 좁고 길게 난 길을 따라 그림자가 길어졌다. 그림자 끝에 밧돌오름이 기다리고 있다. 나무도 없고 풀도 적은 삭막한 땅 위에 양지꽃이 피었다. 땅이 밤인 양 별처럼 피었다. 거친 땅에 손톱만 한 꼬마 꽃이, 노랗게 반짝였다. 지워질 듯 솟을 듯, 애잔한 힘을 내고 있다. 내 마음이 꽃보다 약하다. 손톱만 한 꽃의 군센 마음을 새긴다. 양지꽃의 꽃말은 사랑스러움, 그리움, 행복의 열쇠. 양지꽃처럼 피어났다.

안돌 넘고 밧돌 넘어 고샅진 골목 사이사이를 걸어 내려오니 우리 집이 나왔다. 일주일 묵을 거니까, 우리 집 맞지요. 남의 집 개, 남의 집 동백나무, 남의 집 고사리를 구경하느라 걸음이 느려졌다. 돌아오니 주인장님도 테라스에 고사리를 널고 있다. 나는 오름에 마음을 널고 왔다. 친구가 보내준 편의점 쿠폰으로 삼각김밥과 가락우동을 샀다. 검소하나 충만한 저녁이었다.

잘한 일 : 손님들 접대를 마치고 드러누워 쉬고 싶었는데, 다시 또 꿋꿋이 걸었다. 걸으며 낯선 곳에 익숙해진다.

잘못한 일 : 드러누워 쉴 걸, 뭘 그리 걷고 싸댕기나. 밤이 되니 피곤함에 까라져 서글퍼졌다.

오름 오르듯 살았으면 좋았을 걸

    제주 열엿새째. 반을 넘겼고, 새로운 의욕이 해처럼 돋는다. 게스트하우스 주인장님 에스코트로 해 뜰 녘 다랑쉬오름에 올랐다. 5시 40분 마당 집합. 이미 마당에 해 돋는 기운이 스민다. 먼 데 검은 하늘이 밝아오고 있다. 오늘도 나는 기운차게 일어났다. 새 나라의 으른이가 되어가고 있다.

    짙은 구름 위로 병아리콩만 한 해가 폭발할 듯한 기세로 솟아올랐다. 세상

을 빨아들일 듯 강렬한 콩알이었다. 우도 위로 해가 오르며 지미봉과 말미오름이 형체를 드러낸다. 말미오름은 제주시와 서귀포시의 경계가 되는 곳으로, 올레 1코스(시흥-광치기 올레)의 출발점이 되며 걷기 여행 성지 제주 역사의 시작점이 되었다. (시흥리 쪽에서는 '말미오름'으로, 종달리 쪽에서는 '알오름'이라 불린다.)

제주에 일 년 살며 때마다 같은 자리에서 해돋이를 볼 수 있다면 좋겠다. 나는 같은 자리에 서 있고, 해는 조금씩 움직이며 시간을 증명하는, 그런 무용하고도 아름다운 일. 나 서 있는 같은 자리가 용눈이오름이면 더 좋겠다. 첫 오름이었다. 오름의 정서를 충만히 담고 있는 소담한 곡선은 저고리 소맷자락처럼 기교 없이 나긋하다. 용눈이오름은 휴식년 중이다(2023년 1월 31일까지). 거친 걸음이 제주를 해친다. 격렬한 속도가 지구를 해한다. 안아주는 마음으로 제주를 걷고, 해처럼 느린 걸음으로 발자국 없이 지구를 스쳐 가야겠다. 적어도 나만의 이동을 위한 탄소발자국은 남기지 않으려 걷고 버스 타며 스치듯 여행하고 있다. 지구가 애틋하고, 내일은 불안하다.

제법 난이도가 있다고 들었던 다랑쉬오름을 무난하게 올랐다. 같은 숙소에 묵는 낯선 동행들이 있어 폐 되지 않으려 더 열심히 걸었다. 다랑쉬오름은 장엄했다. '오름이란 이런 것이다' 보여준다 해서 '오름의 랜드마크'라고도 불리고 '오름의 여왕'으로도 불린다고 한다. 나에게 오름 임명권이 주어

진다면 오름의 제왕에 다랑쉬오름을, 여왕에 용눈이오름을 앉히겠다. 비고 227m인 다랑쉬오름의 풍경은 깊고 진했다. 마주한 아끈다랑쉬오름과 아부오름의 둥근 분화구는 도넛의 모양을 하고 있다. 동그란 것을 보면 마음도 동그래진다. 모나지 않던 마음이 자꾸 모나지고 있다. 50이라는 숫자가 주는 느낌만큼 동그래지고 싶다. 예전의 나는 50보다 동그랬다. 각진 마음을 애써 문지른다. 남보다는 나를 더 찌르는 각이다. 자주 아파요.

오후에는 백약이오름에 올랐다. 1일 2오름의 뿌듯한 날들. 버스 편이 좋지

않아 짧게 두 번 택시를 이용했다. 피싱 세계챔피언이라던 기사님이 두 번 다 와주셨다. 같은 기사님을 두 번 뵙는 게 서울에선 쉽지 않은 일인데, 제주에선 벌써 세 번째다. 그냥, 그런 게 다 좋은 일 같고, 기사님은 시큰둥해도 나는 혼자 막 반갑다. 또 만났네, 또 만났어. 약속이나 한 듯이 그 기사님을 또 만났다. 높이와 경사에 지레 겁먹어 산을 멀리했던 나에게 오름은 매력적이다. 야트막한 오름도 올라보면 한눈에 제주가 안겨온다. 한지에 먹물 스미듯 수묵화처럼 밀려온다. 먼 데에 바다, 가까이에 마을, 연이은 오름의 물결, 거센 바람과 뜨거운 햇살, 오름의 온화한 곡선과 세상을 향해 품을 벌린 분화구들. 모든 오름은 저마다의 감동을 주었다.

   점심은 짜장 컵라면에 막걸리. 막걸리는, 참 잘했다고 주는 상과도 같은 것이다. 밥이 되는 물이기도 하다. 잘 챙겨 먹었으니 다시 길로. 해녀박물관에서 하도리해수욕장까지, 올레 21코스를 두 시간 조금 넘게 걸었다. 집에 반했다. 투박한 낮은 담 위로 색색의 지붕이 봉긋 올랐다. 소박하고 나긋한 풍경이 이어진다. '올레'는 길에서 집까지 연결된 좁은 골목길을 뜻하는 제주 사투리다. 간세와 리본이 안내하는 올레길도, 원래의 올레도 안아주는 포근한 길이다. 걷다 보면 마음에 온기가 돈다.

   날씨 덕을 톡톡히 보았다. 흰 구름이 나른하게 떠도는 파란 하늘은 모든 길을 그림으로 만든다. 오늘도 묵묵히 28,000보, 20km를 걸었다. 화장실도 갈 겸 카페에 들러 스콘을 사서, 토끼섬이 보이는 정자에 앉았다. 스콘도 안주가 되는 희한한 취향, 막걸리도 음료가 되는 아재 입맛. 잘 걸었다고 주는 또 한 번의 상이다. 귀여운 딸, 아들을 둔 가족을 토끼섬을 뒤에 두고 사진에 담아주었다. 딱 15년 전의 우리 집 같다. 아이들이 다 커 늘 뿔뿔이 흩어져 있지만 지금도 나쁘지 않다. 이 순간만큼은 지금이 더 좋다. 혼자여도 씩씩하다. 편안하다.

오름 오르듯 살면 좋았을걸. 낮은 오름 하나 오르듯, 그리 살면 되는 것을. 세상 모든 일이 다 한라산이고 백두산이라도 되는 것처럼 위축돼서 살았다. 오르지 못할 산, 넘지 못할 산일 거라고 짐작하며 회피로 일관했다. 오름의 기쁨은 높이에 비례하지 않았다. 조금만 올라가도 충분했고 넉넉했다. 거대 봉우리를 넘는 것만이 다가 아니다. 얕은 둔덕 하나하나를 오르고 넘다 보면 튼튼한 다리도 생기고 멀리 보는 눈도 생기고 기세도 생긴다. 오름 오르듯, 한 오름 한 오름, 잘 쳐내며 살았어야 했다. 살아야 한다. 오르지 못하고 스쳐 지나온 오름이 많다. 해낼 수 있는데 못해낼 거라 지나친 과업들이 많다. 이제는, 다시 오름. 다 오름. 삶에 좀 더 오름. 때로는 악착같이 때로는 한량하게, 오름 또 오름.

잘한 일 : 세화에서 환승하며 버스를 놓쳐 50분을 기다렸다. 투덜대지 않고 잘 놀았다. 그것도 또 하나의 틈새 여행. 해변과 달리 세화시장은 스산하기만 하다. 쓸쓸함을 사랑했다.

잘못한 일 : 택시를 두 번 타서, 탄소발자국을 많이 남겼다.

세화에서 놀다

　세화오일장에서 지금 형편에 맞춤한 가벼운 배낭을 하나 장만했다. 만 원이면 딱 좋겠구만, 명품이라 만오천 원을 달라 하신다. 휠라. 그러니까 FILA. 명품가방이 드디어 생겼다. 이제 오름이고 올레고, 날개처럼 달고 다녀야겠다. 가벼운데다 물주머니도 달려있고, 컬러도 웬걸, 빨-주-초 꼴라보라 눈에 확 띈다. 제주도 산에 길에, 빨강 배낭 메고 가다 서다 느리게 다니는 사람 있거든 나인 줄 아시게.

　몸을 반으로 접고 끊임없이 먹이 될 것을 캐내는 세화 해변 어르신은 손이 멈추지 않는다. 등이 펴지지 않는다. 남의 먹이 될 것을 캐내 팔아 내 식구 먹이 될 것을 일구어낸다. 바닷가 무수히 늘어선 카페엔 청춘들이 낭랑하다. 누가 삶을 규정하는가. 내 이렇게 놀아도 되는 삶이라고 누가 허락했던가. 인고의 노동 앞에서 작아진다. 가벼운 호기심으로 쉽게 셔터를 누르지 않겠다고 다짐했다. 어르신과 청춘들의 대비되는 모습이 문득 엄마와 나의 모습으로 겹쳐진다. 가벼운 운동화를 신고 사뿐히 걸었는데도 만 팔천 보를 걸었다. 튼실한 하체만 남게 되지는 않기를. 튼실한 마음 근력, 함께 주소서.

나에게 트로트는 엄마의 마지막 노래

　시장에 쩌렁쩌렁 울리는 녹진한 트로트 가락은 의외로 거대 스피커가 아닌, 잡다한 물건을 다 파는 만물상 같은 곳의 작은 카세트에서 나오는 중이었다. 그 가락은 코끝에 오래 맴돌았다. 요즈음의 트로트 붐업에 실은 잘 호응되지는 않는다. TV를 거의 켜지 않는 편이니 들을 기회도 잘 없지만, 이따금 시어머님이 함께 머무시는 동안은 트로트가 온 집안을 도배한다. 신기하기도 하지, 어찌 하루 종일 멎지 않을까. 자정이 넘도록 그 기세는 잦아들지 않고, 내가 먼저 다운된다. 노래도 웃음소리도 시종일관 하이 톤. 함께 톤 업 되지 않고, 오히려 지친다.

　나에게 트로트는 구슬픔이다. 엄마가 종일 틀어놓았던 카세트 레코드에선 애간장 녹이는 트로트가 끊이지 않고 흘러나왔다. 엄마가 흥얼흥얼, 나도 따라서 흥얼댔다. 엄마는 '찔레꽃'을 즐겨 불렀고, '동숙의 노래'를 좋아했고, 이따금 '단장의 미아리 고개'를 불렀다. 미아리 고개의 애끓는 멜로디는 내게도 절절해 이따금 노래방엘 가면 구절구절 꺾어가며 즐겨 부른다. '일편단심 민들레야'도 잘 꺾는 노래 중 하나. 듣는 이들은 의외로 그 격한 진지함을 유머 코드로 받아들이고, 나 역시 그 분위기를 즐긴다. 보통은 발라드만 부르는 김발라. 그래도 때때로 트로트를 부르고, 실은 그것이 더 좋기도 하다. 그것은 언제나 엄마의 노래니까.

　엄마의 고향인 울진에서 엄마의 마지막 투병 생활을 두어 달 함께 했다. 움직일 기력이 거의 남아있지 않은 엄마를 위해 미용실 주인장님을 집으로 모셔왔다. 더부룩해져버린 흰 머리는 병을 이기느라 타들어간 엄마를 더 초췌하게 만들었다. 바람 없는 늦겨울이었다. 신문지 위에 엄마가 앉았다. 평상 위로 볕이 쏟아졌다. 샤삭 샤 샤 삭. 가위질 소리가 공기를 고요히 가른다. 햇

살이 가위 날에 닿아 반짝이고, 머리카락은 수수수 덧없이 흘러내렸다. 엄마는 결국 이 모습으로 고향에 왔구나. 고단히 사느라 몇 번 와보지도 못한 고향. 이제는 몇 번이고 싶어 나를 수 있는 다 큰 자식이 다섯이나 있는데, 앞으로 한 번을 더 오려나, 두 번을 더 오려나. 햇볕도 바람도 나긋하던 날, 고향 집 마당에서 머리를 자르는 엄마의 등이 작고 굽어 나도 함께 접혔다. 미용사님이 노래 한 번 해보시라 권하니, 엄마는 마다않고 한 곡조 끄집어내셨다. 겨우겨우 이어지던 한두 소절이었다.

"너~무나도 그 니이임을, 사…랑 했기에, 그으…리움이 변 해서 사~아무친 미…움~~"

우는 새처럼 '동숙의 노래'를 부르셨다. 나는 '찔레꽃'으로 화답했다.

"찔레꽃 붉게 피는, 남쪽 나라 내 고향. 언덕 위의 초가삼간, 그립습니다…."

외숙모도, 사촌언니도, 미용사님도 함께 흥얼대던 노래가 어느 순간 잦아들었다. 말하지 않아도 아는 것이 정만은 아니다. 드러내지 못하는 설움은 정보다 깊게 스민다. 엄마는 다시 고향에 가지 못했다.

나에게 트로트는 그날이다. 엄마의 마지막 노래다. 평상 위에 스러진 머리카락 같은 그것. 삶에 대한 엄마의 사랑, 엄마에 대한 나의 사랑, 지켜주는 사람들의 사랑. 그런 것을 다 담을 수 있는 노래가 트로트 아닐까. 세화시장에서 오랜만에 그날의 노래를 떠올렸다. '동숙의 노래'는 언제나 귓가에 남아 있다. 너무나도 그 님을 사랑했기에.

풀무질 서점 은종복 대표님

 세화시장에서 멀지 않은 곳에 책방 '풀무질'이 있다. 1985년부터 대학로에서 인문사회과학 전문 책방 '풀무질'을 운영하던 은종복 대표님은 2019년 6월 '전범선과 양반들'이라는 젊은 친구들에게 책방을 넘기고 제주도에 내려와 새로운 '풀무질'을 운영하고 있다. 서울의 '풀무질'을 가보지는 않았지만, 제주의 서점은 그보다 한결 부드럽고 소소하고 다정한 듯하다. 여행 온 젊은 청춘들이 꽤나 많이 들락거렸다. 8월 15일에 찾아왔다는 떠돌이 개 '광복이'가 대표님의 사랑과 더불어 손님들의 관심을 듬뿍 받고 있었다. 그러고도 남을 만큼 순하고 맑은 개님이었다.
 책방 운영에 관심 많은 나에게 대표님이 내건 조건 세 가지 중 하나는 '책을 사지 않고 구경만 하고 가는 사람들에게 스트레스받지 말 것'이었다. 책

을 많이 좋아해야 한다는 것과 적정액의 돈이 필요함이 나머지 조건. 돈 말곤 다 해결되었다. 대표님은 서점 앞에서 오가는 이들에게 사진을 찍어주셨다. 책을 사고 안 사고와 상관없는 일이었다. 한국 여행객들이 긴 줄을 서서 문 앞에서 사진 찍던 런던의 서점 '노팅힐'이 떠올랐다. '풀무질' 서점이 더 예쁘고, 더 다정한 대표님이 계시며, 게다가 '광복이'가 있다. 사모님이 코로나 여파로 자가격리 중이라 산책 고픈 광복이를 청춘 커플 손님이 콧바람을 쐐주었다. 산책에서 돌아온 광복이가 콕 콕 물을 찍어 먹었다. 봄날 오후가 여느 때보다 달다.

제주 시인 현택훈 저 『제주어 마음사전』과 E. F. 슈마허 저 『자발적 가난』을 구매했다. 동글한 어감에 보들한 마음이 담긴 『제주어 마음사전』을 달게 읽고 나서, 제주가 더 좋아지고 말았다. 집에 돌아와 현택훈 시인님께 개인적으로 연락해 열 권을 더 구매했다. 책을 좋아하고 제주를 좋아하는 사람을 만나면, 다정하게 건네리라. 여느 책방 주인장님들처럼 도도하고 시크한 책방 사장님이 되고 싶단 평소의 바람은 사라지고, 은종복 사장님처럼 명랑한 주인장이 되고 싶다고 새로이 바랐다. 지나던 강아지를 거두고, 지나는 손님 사진을 찍어주는 둥그런 책방 사장님.

잘한 일 : 모처럼 책을 오래 깊이 잘 읽었다.
잘못한 일 : 송당본향당에서 제 올리는 사람들을 보며, 잔뜩 쫄았다. 근거 없이 쪼그라드는 마음은 추레하다.

18일
가난하고 자유로운, 하찮고 괜찮은

    여행이 길어지니 피로가 쌓이지만, 정지해 있기엔 또 마음이 술렁댄다. 숙소 근처 당오름 둘레길로 아침 산책을 나가려다 조금 더 바깥, 아부오름에 간다. 정상에 올라 한 바퀴 휘 도는데 한 시간이 채 안 걸린다. 주말이라 사람이 많다. 이왕 나선 길, 버스로 한 정거장 떨어져 있는 거슨세미오름도 간다. 스친 사람이 딱 세 명 정도. 좋아서 복잡한 곳보다 덜 좋아도 한적한 곳이 좋

다. 고요와 적막을 즐기려 숲에 가는 거니까. 요즘 오름에 가면, 화사한 봄바람에 치마를 날리는 어린 사람들이 많다. 오름에 꽃들이 오름. 나 어린 날엔 그때가 예쁜 때인 걸 몰랐지. 그저 뚱한 곰 같기만 했지. 수더분해가지곤 웃기는 게 최고인 줄 알았던 10대와 20대의 내가 떠오른다. 지금 마음이 더 소녀 같다. 소년인가, 어쩌면.

집에서 두어 가지 소식이 들리니 또 마음이 편치는 않다. 시어머니 사시던 집이 팔렸고, 그에 따른 몇 가지 처리할 일들이 있다. 여행 전반기에 두 번의 친척 어르신들의 부고가 있었다. 가야 할 자리에 가지 못하는 결례를 범했으며, 시댁에 말하지 않고 떠나온 여행이기에 마음이 자주 불안했다. 그러저러 남편이 잘 넘어가게 해주었다. 시어머니와 시누이에게 솔직히 말하지 그러냐는 남편의 말엔 강하게 반대했다. 아량 넓으신 어머니지만 이만치를 이해해주실 리는 없다. 시누이 역시 이런 방랑에 공감할 리 없다. 친정 언니들에게도 한 달의 여행임을 솔직히 터놓지 못한 터인데. 쉽게 털고 가볍게 살면 좋으련만, 여전히 살필 게 많아 부자연스럽다. 지금의 상황을 당당하게 즐기고 싶지만, 쉽게 성향이 바뀌진 않는다. 남편이 바쁘게 살고 있는 듯해 다행이다. 아무리 생각해도 이번 여행은 남편에게 감사할 일이다. 남편 역시 기회가 되면 일주일쯤이라도 제주에서 걷기 여행을 해보면 좋겠다. 걷는 만큼

매출도 는다 하니. 혼자 해야 해. 내 에스코트 받을 생각일랑 말고.

 물 흐르듯 자유롭게 흘러간다. 잘 먹을 일도, 좋은 곳에 가야 할 일도, 계획한 일을 다 해내야 할 이유도 없다. 마음이 놉는다. 이런 적이 없다. 늘 내가 계획하고 진행하며 배려하는 여행이었다. 지금의 나는 계획도 없고 진행도 없다. 나조차도 배려하지 않는다. 힘들이는 일 없이 시간이 지나간다. 구름의 속도로, 바다의 마음으로, 나무의 숨으로, 길의 이야기로. 나는 여행을 곧잘 한다. 혼자일 때 더 잘한다. 가난하고 자유로운 여행. 하찮은 그러나 괜찮은 여행. 남은 날의 모든 여행이 하찮고 또 괜찮길.

> **잘한 일 :** 오름을 온전히 즐겼다. 기죽었지만 덜 기죽고.
> **잘못한 일 :** 시댁 소식에 이상하게 기죽었다. 여행이 죄인 양.

19일
빗속을 씩씩하게 걸었다

거문오름 탐방에 마침 자리가 나 예약했다. 360개가 넘는 오름 중 유일하게 유네스코 세계자연유산에 속해 있는 거문오름은 반드시 사전 예약을 해야만 탐방이 가능하다. 설렘 반 긴장 반의 마음으로 눈을 뜨니 비가 시작되고 있다. 준비가 늦어 택시를 탔다. 택시 타지 않기로 했는데. 대중교통을 이용해 알뜰한 살림을 꾸린다는 의미도 있지만, 그보다는 나의 이동이 지구에 해되지 않게 하기, 탄소발자국을 만들지 않기라는 범 지구적, 범 환경적인 다짐을 이번 여행에 끼워 넣었다. 여러 가지 면에서 의미 있는 여행을 하고 싶었고, 대개는 지켰고, 오늘은 어겼다. 어제 버스 시간을 보고 잤어야 했는데. 여전히 계획과 준비에 미진해 또 한 번 택시를 타고 말았네. 미진한 대로 여행은 굴러간다. 탄소발자국을 9천 원어치나 만들며 정시보다 20분 먼저 도착했다.

탐방이 시작되며 비는 점점 거세졌다. 새로 산 방수 점퍼에 판초 우비를 겹쳐 입었다. 산짐승에게 호되게 오른손을 물리는 꿈을 꿨다. '아, 내 손이 잘리겠구나' 싶던 순간 짐승은 내 손을 놔주었고 피를 뚝뚝 흘리며 종합병원 응급실에 들어서며 잠에서 깼다. 빗길 오름행에 미끄러지지 않도록 조심해야

지. 쓸데없이 꿈을 자꾸 되새김하니 오른쪽이 신경 쓰였다. 바람의 방향 때문에 오른쪽 다리와 발이 흠뻑 젖었을 뿐 별일은 없었다.

  비 오는 날을 무척이나 좋아하지만, 그건 다 실내에서 비를 보거나, 적당히 비 오는 날의 드라이브였을 뿐이다. 거문오름에 오를 때는 일체의 음식은 물론 우산이나 양산, 등산스틱 등도 가져갈 수 없다. 비 오는 날 우산 없이 움직이기는 처음이었다. 우산이 있어야 소용없을 비바람이었다. 우비도 쓰임이 무색했다. 눈을 뜨기도 힘들다. 오름 탐방이 아니라 그냥 오름, 계속 땅만 보고 오름.

  차츰 비에 적응해가니 빗속을 걷는 게 그리 어렵지만도 않다. 똑 똑. 얼굴이 젖어도 빗방울은 경쾌하고 비바람이 미쳐도 새는 노래했다. 세상이 젖고,

나도 젖고. 그래도 될 날이었다. 우산 없이 걷는 건, 별일도 아니었다. 우비가 날려도 못 걸을 길은 아니었다.

  돌아보면 유난이 심했다. 비가 온다고, 바람 분다고. 먼저 걱정하고, 오래 걱정하고. 상처는 길고, 혹시 까먹을까 도로 꺼내서 아픈가 안 아픈가 살피고, 그러다 보면 더 아프고. 예민함보다 더 짜잘하게 끓는 소심한 유난함에 지칠 때가 많았다. 어쩌면 이 여행도 유난함의 결과일지 모르겠다. 쏟아지는 비를 내쳐 맞다 보니, 이 큰비도 그리 유난 떨 일이 아니라는 생각이 들었다. 빗속을 씩씩하게 걸었다. 꼴찌로 처질까 걱정하지도 않고, 돌아가는 버스 편이 없으면 어쩌나 미리 당겨 고민하지도 않고. 될 대로 되겠지 생각하며 남들 걷는 만큼만 겨우겨우 따라 걸었다. 요 며칠 하루 두 오름씩 올랐던 게 또 훈련이 되었다. 전보다 잘 걸었다. 비 처맞아도 전진할 수 있었다. 지붕 밑, 우산 아래가 아니어도, 비는 여전히 좋은 것이었다. 마주할 수 있는 것이었다. 또 그렇게 한 번 셀프 과보호의 껍질을 벗어냈다. 융숭한 점심상을 상처럼 주고 싶었다. 송당로터리의 '로타리식당'은 백반 한 상이 7천 원. 찬이 알차다. 제주막걸리 한 잔에 상장 같은 위대한 점심을 먹고 숙소로 가는데 풀이 누웠다. 한 포기 한 포기 세워주고 싶었다. 애썼다, 니들도.

> **잘한 일:** 비 극복, 유난 극복, 걱정 극복. 그게 되는 사람이었네. 모르고 살 뻔.
> **잘못한 일:** 풀을 안 세워줬다. 그 전에 내가 누웠다.

톳도 주고 고사리도 주고

바람이 거세니, 트레킹화가 젖었으니 꼼짝 않겠다 생각하다가. 창을 열고 책장만 넘기기엔 오늘, 지금의 제주가 아까웠다. 선물 받은 커피 쿠폰이 있어 별다방에 간다. 삼십여 분 거리, 성산에 하나 있다. 도시 같으면 차로 5분 반경 안에 두어 개씩 있을 테지만, 여기선 삼십 분 거리도 가깝다. 가벼운 스니커즈를 신고 버스 시간에 맞춰 집을 나선다. 이제는 버스 시간에 잘 맞춰 움직인다.

송당리에 비하면 성산만 해도 복잡하다. 시골 쥐 도시에 온 듯 카페가 어색하다. 제주에서만 먹을 수 있는 '제주까망크림프라푸치노'를 시켜본다. 블로그 포스팅 두 개를 어쭙잖게 완성하고, 게으름을 마저 피우다 나왔다. 오후 두 시 반. 광치기해변에 물이 빠지자 알록달록 옷 입은 어르신들이 줄이어 오신다. 무엇을 캐시나요, 여쭈니 톳이라 하신다. 4월 제주엔 고사리도 지천이고, 물때를 맞추면 톳도 풍년, 아침나절엔 물질하는 해녀들의 숨비소리도 자주 들려온다. 자연이 내주는 먹거리만으로도 이렇듯 넉넉히 살아갈 수 있는데, 탐욕이 넘쳐 폭력적인 식탐을 하며 살고 있는 건 아닌지. '적어도 얼굴 있는 것들은 먹지 않겠다.'는 비건 김한민 작가님의 말씀처럼 고통으로 스러지는 생명을 먹지 않고도 나 살아갈 만한데. 나 하나야 야채김밥이나 비빔밥만으로도 충분히 즐거운 먹고사니즘이지만, 끼니를 함께 나누는 인간사 관계 또한 무시할 순 없구나. 애들 집에 올 때마다 빠지지 않고 고기를 굽고 있으니.

　지구는 존재하는 모든 인간의 필요를 충분히 만족시킬 만큼은 자원을 제공하지만, 탐욕을 만족시킬 만큼 자원을 제공하지는 않는다. - 간디

오조리 가는 길

　오조리, 오조리. 오물오물, 입에 물고 굴리고 싶은 이름 오조리. 제목이 좋아서 책을 사듯, 이름이 예쁜 마을을 좋아한다. 이름이 예쁜 동네 오조리에 들렀다. 오조리 포구 근처 '식산봉'은 비고 40m의 얕은 오름이다. 바다와 면해 있다. 낟가리로 오름을 덮어 마치 군량미가 산처럼 보이도록 위장했고, 그에 왜구는 거대 병력의 군사가 있는 것으로 착각해 이곳을 함부로 넘보지 못했다고 한다. '식산봉'이란 이름은 여기서 유래한다. 예전엔 오르막은 쳐다보지도 않았었는데, 이제는 작은 오름쯤이야 한걸음에 오른다. 가붓하게 오를 수 있는 초초초보 오름이다. 갯벌에는 조개 캐는 손이 바쁘고, 멀리 우도는 소처럼 누워있다.

　기약 없이 골목을 걷는다. 노인보호구역이 곳곳에 보이나 길에는 어르신도 젊은이도 지나는 이 없다. 허기가 밀려와 가게를 찾았지만, 보이지 않는다. 지나는 트럭 기사님께 여쭈니, 이곳엔 편의점도 슈퍼도 없다 하신다. 오조리는 그런 곳. 길은 말끔하고, 마을은 적요하다. 작은 책방을 이곳에 열고 싶다만, 손님이 있을지 모르겠다. 손님이 하나 없어도 행복하겠다, 고 말하면 너무 나이브한 거겠지. 하루에 두서너 댓 명만 있으면, 그 정도만 있어도 딱 좋겠다(책 사가는 손님이면 좋겠네).

유배일기

여행이 길어지며 간이 커져선 빈집에도 불쑥 들어서고, 남의 집 옥상에도 성큼 오른다(역시 빈집입니다). 성산일출봉이 우뚝한 탐나는 뷰의 옥상이다. 남쪽에선 산방산이 어디서나 불쑥 눈에 띄더니, 동쪽에선 아무 데서나 성산일출봉이 솟아난다. 오조리 집들은 어깨 너머로 성산일출봉을 지고 있다. 산방산이 말수 적고 기운찬 츤데레 의적 같다면, 성산일출봉은 반듯하고 기세당당한 왕자님 같다. 드라마 「다모」의 두 주인공 중 '황보윤'(이서진)이 성산일출봉 같다면, '장성백'(김민준)은 산방산 같다. 나는 장성백이 좋고 산방산이 좋다. 여행의 마지막 두 밤은 다시 모슬포 쪽으로 내려가 산방산과 송악산을 벗 삼아 지내고 싶다.

> **잘한 일**: 해산물 먹고 싶었지만 참았어요. 얼굴 없는 것들은 먹기로 했는데(김한민 작가님도 한때 그랬대서), 유배는 참는 거니까. 무욕을 지향하니까.
>
> **잘못한 일**: 배고파 죽을 뻔했다. 이따금 당 떨어질 나이다. 당분, 챙겨 다니자.

오래된 집 마당에 비닐봉지 하나가

조금 이른 부지런을 떨어 8시 반 차를 타고 사려니숲에 갔다. 아침 게으름을 떨쳐내려 부단히도 애쓰고 있다. 일상으로 돌아가서도 이어진다면 참 좋으련만. 들어서는 길은 춥고 스산했다. 늙어 쓰러진 나무는 짠하고 아침 추

위에 가늘게 떨고 있는 새도, 가녀리게 돋은 연두 이파리도 애잔했다. 죽어도 산 것 같은 누운 나무는 살아있는 듯 꿈틀대며 근육 같은 결로 살아온 날을 드러낸다. 거죽을 덮은 이끼는 나무의 혼을 감싼 듯하다. 나는 놀러 온 게 아니라 자연이 되려 왔나 보다(아, 벌 받으러 왔지).

기력이 여느 때 같지 않아 얼마 못 가 돌아 나왔다. 들어갈 때와 달리 볕이 쏟아졌다. 나뭇가지 새를 비집고 드는 볕은 이파리를 간지럽힌다. 내 눈도 간지러워 잠깐씩 감기다 떠진다. 빛과 그림자의 불규칙한 움직임은 소리를 그린다. 숲이 수런거린다. 삼나무는 빛 받아 더욱 강인해 보이고, 해 받은 생명체들은 각기 다른 생기를 피워 올렸다. 죽은 나무조차 씩씩하고, 여린 잎은 해를 향해 꿈틀, 솟아난다. 해란 그런 것이다. 밝게 안는 것이다. 뜨겁게 빛나는 생의 터전을 만든다. 돌아 나오는 발걸음이 들어설 때보다 오히려 기운찼다. 볕 받고 나도 살아났다.

터덜터덜 걷다 서다, 남의 집 담 너머로 남의 집 마당을 물끄러미 바라본다. 빨랫줄에 흰 비닐봉지 하나가 집게에 묶여 마르고 있다. 다 마른 봉지는 또 몇 번을 쓰이고, 몇 번을 다시 마르게 될까. 시골 어르신들께는 무엇 하나 소중하지 않은 것이 없다. 줄도 낡고 집게도 닳았다. 옛날 우리 집 마당에도 빨래집게가 오종종 매달려 있었지. 마당을 가로질러, 게으른 외줄 하나 늘어져 있었고, 착착착착 가지런히 빨래를 널고 나서 엄마는 내 키 두 배쯤 되는 장대에 줄을 얹어서 위로 쭈욱!! 팽팽하게 빨랫줄을 솟구쳐 올렸다. 그때마다 뽀글뽀글 엄마 머리 뒤 어디쯤엔, 색 바랜 빨래집게 한두 개가 매달려 있었다. 빨래집게를 보면 엄마 뒤통수가 생각난다. 거들 일 없던 막내였어서 다행이다. 그 덕에 엄마 뒤통수가 이리도 생생하니. 엄마는 뒤통수도 예뻐요.

 제대로 가늠하지 못하고 넘치게 싸 온 짐을 또 한 번 추려 보낸다. 새초롬 입고 다니던 초록 치마도 접어 넣는다. 다 읽은 책도 넣는다. 쓰지 않아도 될 짐을 무에 그리 싸들고 왔는지. 다음 여행 때는 더욱 미니멀하게 짐을 쌀 수 있을 듯하다. 미니멀리즘을 넘어, 거의 없으멀리즘으로. 본질에만 충실한 생활을 해보니, 그간 얼마나 많은 과도한 짐을 지고 살았나 생각하게 된다. 가볍고 단단하게 살자.

잘한 일: 일회용품을 거의 안 쓰며 살아가는 중이다. 피곤하지만 꿋꿋이 걸었다.

잘못한 일: 사려니숲을 걷다 말았다. 막걸리 먹고 싶어 그랬나? 과자랑 막걸리도 잘 어울린다. 막걸리는, 다 잘해.

왜 그리 두근거리며 살았을까

　무엇이 남았을까. 다가올 남은 날을 다 계획할 수는 없지만, 아직은 가늠할 수 없지만, 지나온 여행의 날들은 하루하루 아끼며 소중히 살았다. 매사에 집중했고(원랜 안 그래요), 집에 돌아오는 길에는 더더욱 초집중했다. 그런 것이 실은 중요한 일이다. 있던 자리, 중심을 찾아가는 일. 자가용으로만 다닐 때와는 전혀 다른 일상. 승용차로 제주를 다녔던 예전은 과정 없이 목적지만 여행했던 날들이었다. 걸음의 속도로 길이 배어든다. 작은 것들 하나하나에 그리 관심 많은 사람인 줄을 이제야 알았다. 답을 찾을 수 없어도 끊임없이 질문이 솟는다. 호기심이 사랑이었다. 길을 향한, 자연을 향한, 돌고 돌아 나를 향한. 빠르게 대충 살지 않고 느리게 성실히 사는 자의 사랑.
　왜 그리 두근거리며 살았을까. 작은 것 하나 결정할 때마다, 실행할 때마다 심장이 격했다. 예정된 일이 있어도 불안했고, 없어도 불안했다. 잘 가다가도 잘못 든 길일까 봐, 잘 되는 일에도 곧 잘못될 것 같아 초조했다. 행여 주변을 챙기지 못할까 봐, 혹은 너무 챙기느라 내가 사라질까 봐 근심했다. 그러다 보면 콩콩콩, 심장이 빨라졌다. 느슨한 일상과 느린 걸음, 푸근한 자연은 걸음을 잡아주었다. 나하고만 사이좋게 지내면 되는 생활은 안팎으로 여유를 주었다. 심장이 느려졌다. 아직 일주일이 남았다. 영혼이 잘 따라올 수 있게, 느리게 걸어야지. 조금 더 느리면서 열렬한 생활을 격하게 누려야겠다.

22일
한 발 떨어져서 바라보는 일

　행복이 아닌 바로잡으려 떠나온 여행, 3분의 2를 넘어섰다. 눈 뜨고 10분 안에 자리를 박차고 일어나 당오름 둘레길을 걸었다. 일주일간 머물며 정든 송당리를 떠나는 날이다. 떠돌이 생활 중 제일 길게 머물렀던 곳이고, 떠돌이 생활에 가장 잘 어울릴 만한 마을이었다. 걷는 것만이 할 일이었고, 하고 싶은 일이었다. 열여덟 개의 오름이 있으니, 일주일을 꼬박 걸어도 다 못 걸을 길이다(내 걸음으로는). 송당본향당이 있어 그런지, 오름의 기운 탓인지 묵직한 기운이 느껴지던 마을, 송당리. 안돌오름, 밧돌오름, 다랑쉬오름, 거슨세미오름, 거문오름, 당오름, 아부오름, 백약이오름에 다녀왔고, 올레 21코스, 올레 2코스, 세화해변, 세화오일장, 성산일출봉, 광치기해변, 오조리, 사려니숲, 혼인지 등을 걷고 누렸다. 올망졸망한 아기자기함은 없지만 투박하면서도 정스런 마을이다. 야무지게 짐을 꾸린 후 아끈다랑쉬오름으로 향했다. '아끈'은 작다는 뜻의 제주 사투리다. 다랑쉬오름과 마주하고 있다. 송당리 작별 오름이다.

　짧은 길이지만 거칠다. 진창을 겨우 지나고 으스스한 기운을 이기며 오름

근처에 올 만큼 다 왔다. 그런데 아뿔싸. OMM! 오 마이 마스크! 어딘가에 떨어뜨린 모양이다. 다시 주우러 가지 않을 수 없다. 여분의 마스크도 없고, 돌아갈 때 버스를 타든 택시를 타든 마스크는 꼭 있어야 하며 오름에서도 우린 백 프로 마스크를 꼭 쓰는 선진 시민이니까. 15분 넘게 땡볕을 쬐며 왔던 험한 길을 도로 걸어갔다. 다행히 떨어진 자리에 얌전히 놓여있다. 왕복 30

분을 허비했다. 예전 같음 기 꺾이고 체력 꺾여 그냥 집으로 돌아갔을 일이다. 전과는 다르다. 다시 밟아 돌아가는 길은 훨씬 가깝게 느껴진다. 불친절하던 길이, 친절해졌다. 편안해졌다. 왔던 길 다시 가는 것도 못할 일은 아니다. 한 번 더 하면 쉬워지고, 여러 번이면 더 더 쉬워지겠지. 포기가 빠른 나에게 약이 되는 경험이었다.

아끈다랑쉬오름은 비고 58m. 정말 '아끈'하다. 분화구를 따라 한 바퀴 걷는 데도 그리 긴 시간이 걸리지 않는다. 다정하고 보드라운 곡선에 숨이 편해진다. 인생도 딱 저 곡선만큼만, 적당히 굽이져 있다면 좋겠다. 너무 꼿꼿이 뻗지 말고, 살짝만 느긋하게 굽어지면 좋겠다.

아끈다랑쉬오름의 매력은 다랑쉬오름을 마주보는 데 있다. 당연한 얘기지만, 다랑쉬오름에선 다랑쉬오름을 볼 수 없다. 일출이 장엄하고 발아래 풍경이 사랑스러웠지만, 그것은 다랑쉬가 아닌 다른 것의 아름다움. 건너에서 비로소 늠름한 다랑쉬를 즐긴다. 한 발 떨어져서 바라볼 필요도 있다. 너무 딱 붙어서 좋다, 싫다 판단하지 말고. 너무 집착하지도, 너무 등한시도 말고. 한 발 떨어져서 보면 더 멋져서 반할 수도, 생각보다 별거 아님을 깨닫게 될 수도 있다. 한 발 떨어져서, 잘생긴 다랑쉬를 맘껏 누렸다. 성산일출봉도 보이고 한라산도 보이고. 시계가 훤한 맑은 날에 한라산에 닿을 듯 등이 펴졌다. 아끈다랑쉬에서 다랑쉬를 바라보며 송당에 안녕을 고했다.

오름 하나에 풍경 하나

힘들이지 않고 오를 수 있는 친절한 길을 열어주고, 그 작은 수고만으로도 황홀한 경치를 열어주는 오름. 느리게 한 바퀴 돌고 다시 원점으로 오면, 내려가는 길이 또 바로 열리는 오름을 사랑하지 않을 수 없다. 분화구형 오름의 동그란 산책길은 마음을 동그랗게 만든다. 하루 한 개씩 오르면 1년이 걸린다는 제주 오름을 꼼꼼하게 다 챙겨 걸어보고 싶다. 오름 하나에 풍경 하나를 짝지어 떠올린다. 바굼지오름에서 내려다본 손바닥만 한 청보리밭의 거센 물결을 기억한다. 아부오름에서 숨어 노래하던 팝페라 아저씨의 청아한 목소리를, 새별오름 억새의 마른 춤을, 따라비오름의 가는 나무 한 그루를 기억한다. 용눈이오름의 저고리 소매 같은 곡선을 기억하고, 왕이메오름의 복수초와 산죽을, 윗세오름의 진달래와 문도지오름에서 내려다본 곶자왈 풍경을, 군산오름의 유채꽃과 일몰을 기억한다. 젊어서는 바다가 좋아 제

주가 좋았지만, 지금은 오름이 좋아 제주가 좋다. 올레도 거든다. 나이 먹어 가며, 느린 걸음의 여행을 좋아하게 되는 이유는 그렇게라도 생의 속도를 느리게 느끼고 싶어서일까. 느려져라, 느려져라. 속 터지게 느려져라. 거북이처럼 느려져라, 달팽이처럼 느려져라.

  캐리어와 배낭을 지고 서귀포로 내려간다. 교래에서 버스를 갈아탄다. 한라산에서 환승이라니 여행의 고수가 된 느낌이다. 짐을 이고 지고 다니는 여행에 어느덧 익숙하다. 짐이 많다고 예전처럼 버스 기사님께 미안해하거나 기죽은 처신을 하지도 않는다. '뒷빌레', '흙통', '답다니'. 지나치는 버스정류장 이름이 정겹다. 눈을 감고 서귀포의 유려한 바다를 그려본다. 좋은 올레

길을 상상한다. 걸음의 여행이다. 고행이다 느껴질 만큼 걷고 나야 비로소 여행의 맛이 난다. 놀멍쉬멍 꼬닥꼬닥, 걷고 또 걸어보는 거야.

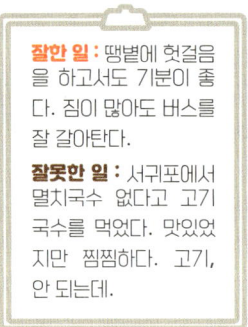

잘한 일 : 땡볕에 헛걸음을 하고서도 기분이 좋다. 짐이 많아도 버스를 잘 갈아탄다.
잘못한 일 : 서귀포에서 멸치국수 없다고 고기국수를 먹었다. 맛있었지만 찜찜하다. 고기, 안 되는데.

비바람 치던 날, 김치부침개와 막걸리

'밧돌게스트하우스펜션'(현재 '밧돌펜션') 주인장님은 뵌 적 없지만, 인연이 조금 있는 분이다. 여행작가학교 후배님이 송당리에서 게스트하우스를 운영 중이라고 들은 바 있어, 송당리 숙소는 고민하지 않았다. 올레 10코스를 걷던 어느 날 문득 전화를 드렸고, 때 아닌 때로 약간의 지인 찬스를 곁들여 감당할 수 있을 만치의 범위 내에서 일주일을 예약했다. 때가 늘었다. 돈이 없어서 그래요. 작은 방이었지만 개인 화장실이 딸리고, 효율적으로 꾸며진 공간은 일주일 살아가는 데 불편함이 없었다. 침대에 앉아 창을 열고 앉아있으면, 거센 바람이 쉬지 않고 들이친다. 나무를 흔들고 마음을 때린다. 멀리 보이는 둔지오름, 돝오름은 제주에 와있음을 실감하게 했다. 하염없이 바람을 맞다 보면 '지금이 이번 여행 중 가장 행복한 시간이야.' 절로 행복해졌다. 거문오름에서 비바람 공격에 녹초가 되어 들어오던 날, 안주인님이 김치부침개를 건네셨다. 며칠째 부침개 생각이 간절했는데, 거센 날씨 덕에 소원이 이루어졌다. 전과 막걸리와 비바람은 완벽한 궁합이었고, 신이 내린 맛이었

다. 완벽한 순간이었다. 개인의 취향, 개인의 취기에 준함.
　이전 숙소부터 밀려있는 빨래를 돌리려는데 어느새 안주인님이 싸악 빨아선, 차곡차곡 곱게 접어 건네주셨다. 감사와 부끄러움이 동시에 밀려왔다. 빨래를 미루고 쌓아온 것은 오십 주부가 할 일이 아니었다. 그날 이후로는 매일 빨아가며 여행을 이어갔다. 가르침을 주는 친절이었다. 첫날 바깥사장님은 안돌오름 입구까지 데려다주시며 편백나무와 삼나무 잎의 차이를 알

려주셨다.

"편백나무는 잎이 넓적하고, 삼나무는 뾰족하니 소나무처럼 생겼어요. 이거 하나만 잘 배워도, 오늘 하루 보람찬 겁니다."

꼭두새벽 다랑쉬오름에 데려다주지 않으셨다면 오름에서 일출을 보는 일은 그때도 그 후에도 없었을 것이다. 꼼꼼히 짚어주신 오름과 올레, 버스 정보들 덕택에 실수 적은 여행을 할 수 있었다. 두 분의 도움 덕에 송당리는 여행 중 가장 편안한 곳이었다. 떠나는 날 안주인님께 별다방 손가방을 선물로 건네며 다음을 기약했다. 고사리 모으는 가방이 된다면 좋겠다.

"친정처럼 생각하고 아무 때나 또 와요."

주인장님 말씀처럼 아무 때나 갈 예정이다.

빨래나 김치전 등은 안주인님이 계시기에 가능한 일이었으며, 늘 계시진 않으니 기대하고 가지는 말 것. 요구하지도 말 것. 요구할 거면 선물 드리고 오세요.^^

송당리 숙소 사람들

  송당리 숙소에 묵는 이들은 다소 나이가 좀 있었다. 젊은이들만 게스트하우스에 묵는 건 아니다. 함께 다랑쉬오름에 올랐던 이들은 70을 넘긴 남자 어르신 두 분과 나보다 다섯 살쯤 많은가 싶은 여자분이었다. 남자분 중 한 분은 철이 없고 한 분은 의젓했다. 두 분은 젊어서도 그런 모습, 그런 사이였을 것이다. 대개는 생긴 대로 나이 든다. 나이 먹는다고 없던 철이 나는 것도 아니고, 있던 철이 더 원숙해지는 것도 아니다. 남편과 함께 오신 여자분은 남편이 산이라면 질색을 해서 혼자 올랐다고 하셨다. 산을 좋아하는 데는 남자 여자가 따로 없다. 어느 밤 소주잔을 기울이던 청년은 바디 프로필을 찍으러 제주에 왔단다. 친구가 제주에서 사진관을 하고 있다고. 컵라면에 거푸 소주를 마시며 공허한 질문을 내게 건네던 그 모습이 쓸쓸해 보였다. 외로움에도 젊음과 늙음이 따로 없다.

  마당 건너 독채에는 주로 한 달 살이 객이 머문다. 작은 배낭을 지고 건너와 텀블러에 따뜻한 물을 가득 담아 매일 길 떠나던 그녀 역시 나보다 좀 더 위 연배로 보였다. 웃음도 말도 몸짓도 모두 안으로 꼭꼭 모아 넣고 있는 듯 내향적인 모습이었다. 훗날 송당리를 기록한 나의 블로그 글에 그녀는 반가움 가득 담은 댓글을 남겨주었다. 여행으로 통하는 마음은 내향도 외향이 되게 한다. 그녀의 말처럼 다시 만나 제주 이야기를 질리도록 하고, 좋은 길 한 자락을 함께 걸어도 좋겠다. 어쩌면 오십 즈음이 여자 혼자 제주를 여행하기 가장 적합할 나이가 아닐까. 종일 걸어도 될 만치 비교적 기운은 충만하고, 육아나 업에서 다소 자유로워질 수 있으며 여자, 엄마, 아내에서 멀어짐에 서운함이 없다. 뚜벅뚜벅, 나를 향해 걸어 들어갈 만한 나이다. 그녀와 내가 주고받은 블로그 댓글은 여행하는 오십 대의 기쁨을 충만히 드러낸다. 조금 추려 여기 옮겨본다.

그녀 : 님 계실 때 저 건너편 안돌오름 방에 있었어요 너무 반가워서요. 저도 그 부침개 얻어 먹었구요. 아까워서 두 번 나누어 먹었지요. 저는 그곳에 세 번째 머물던 중이었어요. 이 다음에도 앞뒷집 살면 인사 나누고 싶네요. 올레길 혼자 걷다 보면 가끔 무섭더라구요. 그래도 너무 좋아서, 벌벌 떨면서 걸은 적도 있어요. 제주도에서 한집 살았던 인연으로 글 남깁니다. 건강하시고 늘 재미있게 사시길.

나 : 어머나, 반갑습니다. 앞집에 한 달 살이 하는 분이 계시다 들었는데, 님이셨군요. 다시 연락이 닿다니 감사한 인연이어요. 저는 혼자 다니는 건 안 무서운데

큰 개를 만나면 오들오들 떨어요. 그래도 다시 가서 다시 걷고 싶네요. 건강 잘 챙기며 편안하셔요!

그녀 : 다랑쉬오름에도 7개월 된 큰 강쥐 있는데 이름이 '다랑이'에요. 다랑이 볼 겸 다랑쉬오름엔 다섯 번쯤 간 듯요. 밧돌에 있으면서 한 달은 거의 오름만 다녔거든요. 물안개 낀 다랑쉬도 예뻤구요. 주룩주룩 비 오는 붉은오름도 너무 좋았어요. 일주일 전에 돌아왔는데, 다시 가고 싶어서 두근두근합니다. 제가 구제불능 길치라 혼자 길을 떠난다는 것에 두려움이 있었어요. 그러다 퇴직 후 3월부터 제주도를 왔다 갔다 했구요. 길치가 올레길을 걸으니 너무 좋아서 대책 없이 걷다 물집 생기고 난리가 아니었네요. 전 요즘은 올레길 걸으면 최고로 행복합니다. 제주에 꽂혀서 제주만 눈에 들어와요. 다시 만나면 이런 이야기 오래도록 해도 질리지 않을 거 같아요. 글 재밌게 잘 읽고 있습니다. 건강하세요.

나 : 다랑쉬엔 다랑이가 있었군요. 저도 다시 가면 못 가본 오름에 다 오르고 싶어요. 저 역시 모두가 인정하는 엄청난 길치에요. 이리 찾아주시니 지난 제주 여행이 더욱 그립네요. 잘 읽어주시고 관심 주셔서 감사해요. 제주에 들락날락하다가, 어느 날 한 번은 밧돌에서 마주치면 좋겠네요. 더위 조심하며 여행하셔요!

23일
떠돌까, 살까

거울을 들여다본다. 거울을 자주 보는 타입은 아닌데, 게스트하우스 책상이 곧 화장대이다 보니 거울 앞에 자주 앉게 된다. 턱선이 좀 갸름해진 거 같기도 한데 살이 빠졌나? 때깔은 거무튀튀해졌고, 기미는 어우, 꽤 늘었어. 스무날 훌쩍 지난 여행의 날들이 얼굴에 남았다. 눈빛도 예전의 그 눈빛이 아

닌 거 같은데, 살아 있어. 흠, 이건 좀 과장이겠지.

처음 들어설 때 삭막하기만 하던 숙소가 하룻밤 자고 나니 제법 편안하다. 세상과 단절된 느낌이 들 만큼 콕 박혀 있는 분위기가 아늑하다. 가격도 저렴하다. 3인이 묵을 방을 통째 내주셔서 넓고 편하며, 책상이 있어 더없이 좋다. 익숙해질 때까지는 시간이 필요하다. 다 겪지 말고 속단하지 말자. 코로나 걱정에 공용공간은 일체 쓰지 않는다. 이런 시국에, 여행도 민망한데, 조심 또 조심해야지.

다음 주에 머물 나흘의 숙소를 신중히 정해야 하고, 그곳이 여행의 마지막 숙소가 된다. 한 달 살기 아니고 한 달 떠돌기라고 농담처럼 말했었는데, 제대로 떠돌았다. 좀 더 오래 제주에 머물게 된다면 그때는 오래 머물 숙소를 정하고 싶다. 한 달의 떠돌이도 힘든데, 일 년씩 해외여행 다닌 친구들아. 어찌 다닌 거니. 대단타. 하지만 나에게도 기회가 생긴다면, 그리 해보겠구나. 할 수 있을 거야, 일 년 방랑, 세계 떠돌이.

여행 시그니처, 김밥에 막걸리

칠십리시공원, 천지연폭포가 바라보이는 자리에서 점심을 먹는다. 오늘도 김밥과 막걸리.
"최대한 얇게 썰어주시겠어요?"
김밥을 살 때마다 붙이는 말이다. 막걸리는 배부른 음료(?)라 김밥은 한 줄이면 족하고, 한 줄이 한 병의 안주가 되려면 얇아야 제격이다. 서귀포매일올레시장 김밥집 언니는 내 부탁에 친절한 눈빛과 손짓으로 되물었다.
"야얄케요? 야읅케? 이마안큼?"
이국에서 날아온 외국인 직원분은 이번 여행 통틀어 가장 가느다란 김밥을 내주셨다. 8미리 김밥이랄까. 양이 느 듯, 푸짐한 안주가 되었다.

제주막걸리 분홍 패키지가 꽤 예쁘다. 그림 좋은 곳을 배경으로 김밥 한 줄과 컵에 담긴 막걸리, 그리고 병을 세워 놓으면 구성이 좋다. 아무도 못 봄 직한 자리에서, 굉장히 빠른 동작으로, 굉장히 지능적으로 경치 좋은 술상을 차린다. 어느 곳에 가나 시그니처 사진이 되고 여행의 루틴이 됐다. 전용 컵과 밀폐용기를 가지고 다니며 일회용품을 멀리하려 노력했지만, 깜박한 날도 많고 차마 꺼내지 못한 날도 많다. 그릇을 내밀면 칭찬해주시는 사장님도 있었고, 귀찮은 내색을 하는 분도 계셨다. 오래 이어가고 싶은, 티 안 나지만 씨앗 같은 작은 실천.

서귀포 앞바다에 그리움이 떠 있다

정방폭포에 들렀다. 폭포는 한결같아도 사람들이 다채로워 오래 바라봐도 질리지 않는다. 명랑하고 시끄러운 사람들은 마치 폭포 같다. 맑고 청량하다. 명랑함을 쏟아낸다. 바위에 앉아 문섬을 바라보며 돌 던지며 노는 아빠와 어린아이는 이중섭 화백과 그의 아들을 닮았다. 문섬, 범섬, 섶섬은 그리움을 닮았다. 서귀포 앞바다에 그리움이 떠 있다. 둥 둥 둥.

왈종미술관에서 시작해 올레 6코스를 반쯤 걷는다. 이왈종 화백님은 이름도 명랑하고 그림도 명랑하다. 김중업 건축가의 작품으로 추정하는 '소라의 성' 앞에서 올레 스탬프를 찍는다. 수첩 하나를 미처 준비하지 못해 지니고 있던 파우치에 찍었다. 덕분에 세상에 하나뿐인 올레 파우치가 생겼다. 길과 바다와 바람과 나무의 시간을 인증했다. 대충 찍고 소중히 간직하는 중이다. 대충 걷고 귀히 여기는 중이다.

구두미포구에 닿을 때면 해 질 녘일까. 느린 걸음을 더 느리게 걸어 노을에 맞춘다. 한 발 앞서 걷는 이를 본의 아니게 뒤따라간다. 가다 서다 앞뒤 둘러보며 조심스레 걷는 이여. '걱정하지 말아요, 내가 지켜보고 있어요.' 실은 나를 향한 말이다. 안심하라고, 맘 놓고 걸으라고. 행인 하나 없는 길에서 누군가 같은 방향으로 걷고 있으면 든든하다(때론 위협이 될 수도 있겠구나). 안심한 걸음을 성큼 걷는다. 내가 있어 그가 안전하고, 그가 있어 내가 안정된다.

검은여 바다, 검은 바위에 앉아 노을에 타이밍을 맞추려 시간을 보낸다(과연 노을을 보았을까?). 파도의 박자는 생각에 리듬을 준다. 둠 파 둠 파~ 괜찮

아 괜찮아. 아무도 모르는 나만의 바다인 것 같은 착각에 비밀이 술술, 바다로 부려진다. 떠나버린 친구를 생각한다. 곁에 있다 생각하면 정말 곁에 있는 것 같다. 바다에 걸어 들어가며 맞는 죽음과 친구가 택한 죽음 중 무엇이 더 괴로울까. 마지막에 닿는 시간은 비슷할까. 울지 않고도 친구의 죽음을 떠올릴 수 있게 되었다. 죄의식은 선연하다.

 포구에 닿았다. 열심히 걸은 걸음이 보상될 만한 그럴싸한 로컬 해물식당을 기대하며 걸었는데, 보이지 않아 좌절했다. 푸드트럭이 보이지만 '설마 맥주나 막걸리가 있을라고' 생각하니 큰 위안이 되지는 않았다. 그러나 있다. 맥주, 그것! 떡볶이와 오뎅과 두 캔의 맥주는 호사로운 저녁이었다. 섶섬이 가장 가깝게 보이는 자리다. 풍경으로 치자면 어디에도 뒤지지 않을 꽤 괜찮은 노을 맛집이다. 토스트와 분식, 다양한 음료까지 있어 인근 주민들이 많

이 들른다. 나도 이런 트럭 하나 끌고 다녔으면. 책과 커피, 막걸리와 맥주를 싣고 다녔으면. 북트럭의 주인이 된다고 내가 꿈꾸는 낭만적인 노후를 누릴 수 있는 건 아니다. 철저한 계산속에서나 근근이 굴러갈 붙박이 장사꾼이 되지 않고는 될 리 없다. 낭만을 순식간에 부숴버렸다. 언제 이리 어른이 되어버렸담. 그래도 아직은 현실과 비현실의 중간쯤에 서 있다. 어느 길을 가도 자꾸 다시 뒤돌아보게 되는, 어중간한 중간.

  적당히 배불러지고 적당히 느슨해져선, 터덜터덜 돌아가는 길을 시작했다. 버스정류장이 멀다. 거의 다 왔을 무렵 머리 위로 쿵, 떨어진 생각은

'으앗, 노을 찍기로 한 걸 까먹었네! 이런!'

걸음의 목적을 잊고, 식탐만 부렸다. 섶섬 위로, 바다 위로, 포구로 번지는 노을을 위한 길이었는데, 먹고 놀다 돌아왔다. 그런데 왜, 본 것처럼 행복하지. 허망함보다 뿌듯함이 더 큰 이유는 뭐지. 잘 먹었다는 보람과 뷰 좋은 맛집을 찾았다는 보람이 저녁의 기세를 살렸다. 버스정류장에 쏘옥 들어, 내 방에 데려다줄 다정한 버스를 기다린다. 먼 데 개 짖는 소리가 울리며 노을 같은 여운을 만든다. 하찮은, 그러나 괜찮은 여행은 그렇게 오늘도 진행 중.

> **잘한 일** : 누구에게나 자랑스레 소개할 만한 뷰맛집, 푸드트럭을 찾아내다. 서귀포시장에서 직원들 선물을 알차게 샀다.
> **잘못한 일** : 노을을 까먹다. 식탐의 노예가 되다.

나는 혼자 있을 때

표선오일장을 가려 일찍 나섰는데, 버스 기사님이 할아버지랑 대화를 나누다 길을 잘못 들었다며 돌아나가신다. 딱히 신경 쓰는 손님도 없다. 이 무슨 재미난 광경이람. 버스도 길을 잘못 들어요. 나도 좀 더 길을 잃고 헤매도 되겠다. 조금 거한 식사를 하고는 속이 안 좋아, 안 가던 카페에 가서 카모마일 차를 마셨다. 속 한 번 아프고 맘 한 번 아리고. 처음으로 쓸쓸한 마음

이 든다. 다시 씩씩해지려 메모장을 열어 '걸으면서 드는 생각'을 읽어본다.

- 팔짱을 끼고 걸으면 그렇게 아늑할 수가 없다. 내가 나를 꼭 안은 기분이 든다.
- 쓸모없는 것 같은 돌 하나도 누군가 밟고 지나갈 길이 되어주기도 한다. 돌멩이보다 못해서야. 어디에든 쓰임이 되는 사람이 되자.
- 행복해지려 온 게 아니라 성장하러 온 여행이다. 여행의 본질을 끝까지 지키자.
- 걸을 때만큼은, 책과 책방에 대한 집착을 버리자. 걷는 것도 세상을 읽는 것이다.
- 음악을 들을 이유가 없는 일상이다. 자연이, 시간이 모두 음악이다.
- 처음 오름에 다닐 땐 반듯하게 닦인 길이 좋았는데, 이제는 조금 거칠어도 자연스러운 길이 좋다.
- 어리고 예쁜 커플을 만나는 것은 흔한 일이다. 맑고 싱그럽다. 우리 시절의 데이트를 돌이켜보면, 부러워 배가 다 아플 일이다. 맘껏 누려요, 청춘.
- 혼자 오는 오름러들도 꽤 많은데 여자가 70% 정도는 되는 듯하다. 남자들은 혼자 여행을 잘 하지 않는 것인가? 혼행 남자들은 자전거나 낚시 등을 즐기는 것일까? 몸과 마음이 같은 속도로 움직일 수 있는 걷기 여행이 혼자 여행에는 가장 적당할 것 같은데.
- 숲에서 존재의 아우성을 듣는다. 각기 다른 생명력을 뿜낸다. 나도 함께 살아난다.

- 존재의 숲을 걷는다. 숲을 읽는다. 오래오래 남을 거야, 지금의 숲.
- 뜯어온 고사리를 볶아 먹으며 든 생각 : 자연은 먹을 것을 다 내주는데 굳이 고통받으며 죽어간 생명까지 먹어야 할까.
- 밥을 안 먹어도, 가족을 본 지 오래여도, 혼자여도 아무렇지 않은 날이 이어지고 있다. 이렇게 '혼자'를 즐겨도 괜찮은가. 가족에게 미안한 일인가.
- 많이 걸었다. 요즘은 할 말이 그뿐이네. 걷는다. 걷는다. 걷고 걷는다. 할 일이 따로 없어 걷고 걷는, 감사한 날들.
- 차가 있으면 편하고 없으면 자유롭다. 편안함은 일상에서 누리는 것으로도 충분하다. 여행은 자유를 위해 떠나온 것이고, 차에서 자유로워지면서 여행은 한결 더 자유로워진다.
- **나는 혼자 있을 때 가장 용감하고 자유롭다.**

마지막 문장을 열 번 되뇌며, 속과 맘을 다독인다.

이따금 버스정류장이 집 같았다

비와 바람과 볕이 너무 세서 얼른 집에 가고 싶을 때, 멀리 버스정류장이 보이면 집처럼 반가웠다. 말을 걸어주는 어르신들이 많았고, 버스 시스템에 제법 익숙해졌을 무렵엔 안내사인을 눌러가며 어르신들 버스 편을 알려드리기도 했다. 밝은 회색 프레임에 통유리창. 맑고 단순한 모양도 예쁘다. 어두워져도 지붕 아래 들어가면 마음이 놓였다. 먼 데 개 짖는 거센소리도 덜어주었다. 넋 놓고 딴짓하고 있으면 기사님이 빵! 경적을 눌러주신다. 버스 타

는 시간이 좋았다. 막힌 적이 없고 풍경이 지루한 적도 없었다. 이틀 치 렌트비 정도의 비용으로 한 달을 떠돌았다. 이게 다, 제주 버스 덕분이야. 덜 춥고, 덜 덥고, 덜 쓸쓸하던. 제주 버스정류장.

잘한 일 : 요즘 거의 완벽한 버스 여행자. 제주 할망님들보다 내가 더 잘 안다.

잘못한 일 : 장바구니를 잃어버렸다. 여태 잘 썼는데.

173
유배일기

25일
껐다 껐다, 비행기

대형사고를 목격했네.
비행기가 전깃줄에 껴버렸어.

공항에서 멀지 않은 곳, 어영공원. 제주 혼자놀이 고모에게 쏴준 조카의 커피 쿠폰이 있어 호사롭게 별다방에 앉았다. 뜨고 지는 비행기를 보는 재미가 좋다. 노 카페, 노 맛집의 여행 중에 잠깐 공짜의 맛, 단맛을 누린다. 공항 가기 전에 시간이 남으면 이 동네도 좋겠네. 어영해상공원.

유배일기

나무 하나 꽃 하나를 알아가며 걷는다

아직 남은 겹벚꽃을 한라산 생태숲 입구에서 만났다. 꽃잎 사이로 봄이 터져 나온다. 제주에서 친구가 붉은 열매가 총총한 나무를 보며 "저게 뭔 나무지?" 질문한 적이 있었는데, 고녀석 이름이 '먼나무'였다. 잽싸게 친구에게 소식을 알린다.

"친구야, 그때 그 '뭔 나무'가 진짜로 '먼나무'였어."

굴거리나무 이파리는 캉캉춤을 추는 무희를 닮았고, 참식나무 새잎은 금빛으로 빛난다. 설마 금색일까 싶지만, 정말로 금빛 털이 빼곡해서 해를 받으면 찬란한 금색이 된다. 나무 하나 꽃 하나를 알아가며 걷는다. 올레 6코스를 걷다가 갯까치수염을 알았고, 귤꽃 향기에 정신이 혼미했으며, 21코스에선 등대풀을 알았다. 돈나무는 이름 같지 않게 화사한 부케처럼 꽃이 터진다. 14코스 월령포구에서 빼곡한 선인장밭을 처음 보았고, 하얗게 흐드러진 산딸기꽃에도 눈이 갔다.

봄에는 무밭도 예쁘다. 순한 노랑으로 무가 솟는다. 브로콜리도 양배추도 때가 되면 꽃이 된다. 살아있는 것은 모두 나름의 생의 주기와 생의 길이를 부여받는다. 먹지 않으면 그것도 꽃이 피고 주어진 생을 살다 때가 되면 저물 것이다. 조물주는 어쩌면, 지구라는 밭에 생명으로 피어나라고 여러 씨를 널리 툭 툭 뿌렸던 것이고, 인간도 그저 조물주가 던진 씨앗 하나에 불과했을지도 모른다. 자연이 인간을 위해 존재한다고, 인간이 자연 위에 존재한다고 어찌 말할 수 있을까. 꽃과 인간이 대등하고, 소와 인간이 대등하며, 지나가는 벌레도, 여린 나비도 광활한 우주의 존재성에 비하면 인간과의 존재가치의 차이는 실로 미미하지 않을까. 개미 한 마리를 무심코 밟고 지나갈 수는 있어도, 인간을 위해 다른 생명체를 죽여도 된다고 누가 허락했을까. 누가 그 무수한 것들이 인간의 먹이라 했을까. '1년 미만의 어린 양만 사용한

다.'는 광고문을 본 후 양고기를 먹지 않았다. 알을 낳지 못할 숫병아리를 미리 감별해 갈아 죽이는 것을 안 후론 달걀 맛이 심하게 비리다. 잔인한 사육과 잔혹한 죽음으로 접시에 오른, 인간과 대등한 생명체의 고통은 원한으로라도 음식에 남아있지 않을까(지나치게 으스스해지고 있군). 채식은 그에 비하면 평화로운 음식이다. 조금 느리더라도 차츰 채식의 비중을 늘려가고 싶다. 야채김밥에 막걸리, 아주 좋아요. 숲이 너무 좋아 나도 숲인 것처럼, 나도 자연의 하나로 배어든 것처럼 자연을 편드는, 식물과 동물을 편드는 생각이 걸음 따라 이어졌다. 마음이 평온해졌다. 편백 숲길을 지나 노루생태원까지 걸어가 아그배나무 아래에 앉아 점심을 먹었다. 오늘은 특식, 메밀전병과 막걸리. 오늘도 좋은 길, 좋은 생각, 좋은 식사였습니다.

걸으며 세상을 읽는다

걸으면서 기록하는 게 제법 습관이 되었다. 길은 느려지겠지만, 남은 메모는 빠르게 잊히는 기억들을 단단히 붙들어 준다. 끄적이고 되새기다 보면 별거 아니지 싶던 말에도 의미가 돋아나고, 사소한 대상도 고유한 존재감을 드러낸다. 혼자 걷는 걸음은 사유로 이어진다. 걸음과 사유와 고독이 어우러지며 나와 자연에 오롯이 집중할 수 있는 '또 다른 나'를 만든다. 지쳐도 아파도 더 걸을 수 있는 것은 걷겠다는 의지 그 이상의 것, 가장 아래 걷는 발과 가장 위 영혼, 그것을 둘러싼 자연의 합일에서 오는 충만감이 아닐까. 남은 날이 많지만은 않다 생각하니, 더 많은 대상과 생각을 잡아두고 싶다. 걷고 쓰자. 말을 줄이고 쓰자. 게으름을 줄이고 걷자. 걸으며 세상을 읽는다. 나다니엘 호손의 아들은 아버지를 '침묵에 재능이 있는 사람'이라 표현했다. 나도 그런 재능을 갖고 싶다. 책과 길, 쓰기와 침묵으로 남은 날을 깊게 살자. 그것이 생생한 삶이다.

잘한 일: 나무 공부를 많이 했다. 김밥 대신 전병으로 식생활에 변화를 주었다. 너무 맛있어.
잘못한 일: 전병은 과도한 지출이었다. 9,000원.

26일
분화구의 연두가 눈썹에 앉았다

붉은오름의 분화구에서 본 연두를 잊을 수 없다. 어떤 언어로 그것을 표현할 것인가. 활짝 열어젖힌 분화구 안으로, 찾아오는 이는 거의 없고. 초록으로 가기 전의 아슴한 연두는 나만큼이나 봄을 아쉬워한다. 보는 이 없는 분화구의 연두를, 한참 동안 빨아들였다. 연두 같은 유연한 색으로 살고 싶다.

오름의 분화구 안에 들어
마치 사바나의 한복판에 들어선 듯
야생을 느끼며, 시원의 오랜 전설을 느끼며
지금 생에선 풀지 못할 연을 삭이며, 죄를 곱씹으며
다시 걸어 올라 오름의 끝에 서면
그때는 더욱 용감한 사람이리라

그 안까지 갈 수 있을 줄은 몰랐다. 짙은 웨이브 굽이지며, 씩씩한 걸음으로 오름 깊은 곳으로 나를 인도한 여인. 붉은오름을 비슷한 속도로 함께 걸었다. 때로는 걷는 뒷모습에서도 사람이 보인다. 묻지도 않고 따라가도 될 것 같은 당당함과 편안함이 느껴진다. 큰 배낭 진 듬직한 뒤태도 멋지다. 분화구로 이끌어 주셔서 감사해요. 믿고 따라갈 만한 걸음이었다. 한편으론 씩씩하고, 한편으론 쓸쓸한 두 사람이 각자의 걸음으로 안으로 들었다. 귀한 걸음, 오름의 순간 중 최고였다. 세상을 다 모른 척해도 좋을 만한 곳, 분화구 한복판에서 연두와 고요를 누렸다. 과자와 막걸리를 나누었다. 별말을 나누지 않고 각자의 자리를 찾아 앉는다. 함께 있으나 혼자 있는 시간이다. 길에서 만나는 인연은 일상에서의 인연과는 다르다. 더 짧고, 더 깊다.

분화구는 각별하다. 처음에는 긴장했고, 들어서니 아늑했으며 자리 펴고 앉으니 편안했다. 이곳에 오기로 예정돼 있던 것처럼. 오래전부터 바랐던 것처럼. 처음부터 이곳이 목적지였던 것처럼. 능선을 감싼 나무의 연두 잎들이 가늘게 떨렸다. 위로가 밀려왔다. 사람에게 위로받지 못하는 내가 답답타. 숱한 얘기를 다 들어주면서, 내 얘기는 쉬이 하지 못했다. 오름의 한가운데 분화구에 안기어 목까지 차 있던 다 하지 못한 얘기가 순식간에 쓸려 내려갔다. 그 자리에 위로가 돋는다. 생각이 너무 많았다. 세상이 온통 슬펐다. 슬픈 일이 이리 많은데 다들 어찌 그리 열심히 살아갈 수 있는지, 묻고 싶었다. 슬픔에도 에너지가 든다. 슬픔도 습관이 된다. 남의 슬픔을 끌어다 슬퍼하고, 남을 위로하느라 나를 위로하지 못하고 살았던 날들. 많이 듣고 많이 위로하며 살았다. 이제 더는, 남아있지 않다. 그런 호의도, 그럴 에너지도. 여러 면에서 나는, 지쳤다. 꼭 그 말을 하고 싶었다. 오십의 나를 서운해하는 남편에게, 왜 예전 같지 않냐고 의아해하는 사람들에게, 이제 비로소 나의 말에 귀 기울이는 나에게. 더는, 남을 위한 에너지가 남아있지 않아요. 붉은오름의 가운데에, 나는 그런 말들을 묻고 왔다. 그런 말을 주고 위로를 받아 왔다. '그만하면 됐네, 이 사람아. 이제 관계도 좀, 쉬어가게. 본인에게 각별하게.'

연두가 눈썹에 앉았다. 별다른 뜻도 없는 눈물이 연두에 맺힌다. 지금은, 생의 전환점이야. 반을 살았고, 반을 더 살 거야. 생의 더듬이를 조금 더 나를 향해 세워두면, 나머지는 다 별 게 아니다. 나무처럼 풀처럼 물처럼 흙처럼, 중심을 잃지 않고 맡은 생의 시간을 잘 살아내는 것만으로도, 삶은 죄가 되지 않는다. 분화구는 얘기를 들어주는 자리였다. 털어놓고 나면 다 별 게 아니다. 분화구의 가운데에 여행의 진심을 묻고 왔다. 임금님 귀는 당나귀 귀라고 말하고 싶은 사람은, 모두 오름의 분화구로, 우수수 걸어 내려가자.

> **잘한 일 :** 용기 내 분화구에 따라 들어갔다. 다소 스산해 선뜻 들어가 볼 생각을 안 했었는데, 그럴 일이 아니었다. 꼭 가볼 곳이었다.
> **잘못한 일 :** 분화구에서 김밥을 먹었어야 했어! 억울하다, 분하다. 가장 잘 어울리는 곳인데. 또 갈 거니까, 뭐. 자주 갈 거니까.

여행이 저문다

　오백만 원이 넘는 큰돈을 잘못 송금하는 바람에 오전 내내 혼쭐이 났다. 돌아가서나 해결할 수 있는 일이지만 방법이 있으니 다행이다. 이름이 낯선 '우진제비오름'에 가보려 선흘리로 향한다. 정류장 간격을 잘 몰라 미리 정

차 벨을 눌러버렸고, 그 실수에 기사님이 화가 나서는 나를 엉뚱한 곳에 내려주셨다. 왜 그러셨냐 물으니 "댁도 잘못 누르지 않았냐."며 화를 내셔서, 분노가 끓어올랐다. 덕분에 오름 입구까지 꽤 먼 길을 걸어야 했다. 한 달여 여행 기간 중 이런 어이없는 경우는 처음이었다. 멀게 걸어가는 길이 또 나쁘지 않아 마음이 풀렸다. 버스 기사님들 대개는 친절하시니, 이런 분 하나에 맘 상하거나 겁먹을 필요는 없다. 진상은 어디에나 있으니. 진상이 묻힐 만큼 제주는 온통 다정하니.

'우진제비오름'에서 아이 셋을 데리고 나들이 온 아빠를 보았다. 가파른 계단을 종종종, 아이들이 나보다 잘 오른다. 한참 앞서간 아이 셋과 아빠는 '우진샘'에서 자연 학습 중이었다. 꽃 이름을 배우고, 도롱뇽알을 찾고, 아빠랑 목청 높여 깨알 지식을 주고받는다. 올챙이알집인지 도롱뇽알집인지, 이제야 처음 그 신기한 형체를 보게 됐다. 도시 촌닭 맞다.

엄마로서의 날을 돌아보자면, 강아지나 고양이를 키우고 싶다는 아이들 소원을 못 들어준 것이 첫 번째 후회되는 일이고, 자연 속에서 좀 더 많은 시간을 보내지 않았던 것이 두 번째 후회되는 일이다. 돌을 주워 와 키우겠다며 그 위에 쌀알을 얹고, 물을 주기도 하던, 때 없이 순하기만 하던 어릴 적 아이들 모습이 지금도 눈에 선하다. 집 안에서 털 있는 동물 키우면 집 나가

버리겠다고 심통 맞게 남편은 말하곤 했는데, 그때 키울 걸 그랬나봐. 버는 족족 여행도 가고, 공연이나 전시 등도 자주 보여주었다고 자부하고는 있으나, 캠핑도 가고 산도 가고 들도 가고, 좀 더 자연 친화적으로 지냈더라면 좋았을 거라는 생각이 든다. 그러저러 아이들은 다 컸고, 어디 내놔도 잘나지도 빠지지도 않을 만큼의 평범한 성인으로 대략 잘 컸다. 후회할 일도 아니고, 후회해도 별 수 없는 일이다.

  4월 볕이 여름 볕 같다. 여행이 얼마 남지 않았다. 혼자 지내는 시간이 이리 편안하다니. 그렇다고 일상으로 돌아갈 일이 걱정스럽지는 않다. 23만km를 달린 내 차도 그립고, 제주의 숙소에 비해 몇 배나 널찍한 내 집도 그립다. 사람이 그리운지는 잘 모르겠다. '보고 싶다'는 남편 말에 '나도 궁금하기는 해'라고 답하니 못된 마음이다. 누구든 대화 끝에 하트라도 하나 붙이면 어찌 대응할지 몰라 당황스럽다. 성격에 문제가 있는 걸까. 점점 더 혼자 있고 싶기만 하니 큰일이다. 처음부터 이런 사람은 아니었는데. 그래도 사람들 속에서는 또 제일 사람 좋아하며 잘 지내니(적어도 그리 보이니), 그냥 지금은 혼자인 것을 더 충분히 즐기자. 뼛속 깊이 누리자.

제주 터미널 근처 현옥식당에서 4,000원 백반을 먹으며 내일의 여행을 계획한다. 몇 번을 가려고 벼르다 가지 못한 한림 바다 비양도에 가볼 예정이다. 늦은 오후, 칼질 소리가 경쾌하고 길가 택시엔 기사님이 꾸벅 졸고 있다. 혼쭐났던 아침에 비해 평온하게 하루가 저문다. 여행도 저문다. 저무는 게 다 슬픈 것은 아니다. 꿋꿋하게 여행과 삶을, 이어가자.

> **잘한 일 :** 4,000원짜리 밥집을 알아냈다. 싸고 맛있다(현재 5,000원).
> **잘못한 일 :** 사람들을 안 보고 싶어 한다. 냉혈한.

28일
다 잘 먹자고 하는 일이지만

한림항에서 배를 타고 비양도에 갔다. (한림읍 협재와 금능에서 바라보이는 비양도가 있고, 우도에 닿아 있는 비양도가 있다.) 보말 요리 잘하는 집에서 보말전을 포장해 비양봉에 오른다. 막걸리에 보말전 먹을 생각에 웃음이 비실비실, 적당한 자리를 찾는 데 온 정신을 쏟는다. 막걸리 사진에 대한 애착이 집착에 가까워졌다. 풍경을 보러 섬에 온 건지, 전망 좋은 자리에서 밥 먹으러 온 건지 참, 한심타.

비양봉 정상 전망 등대 앞에 겨우 자리를 잡고 한 컵을 들이켰다. 혼자 커

피 마시는 모습이 너무 멋지다며 예순 즈음의 여자분이 다가오셨다. 음료의 정체를 솔직히 밝힌 후 보말전과 막걸리를 나눠 먹었다. 나눠주신 쑥개떡이 또 좋은 짝이 되었다. 친구 사이인 두 분도 한 달 살기 중이라 하셨다. 집을 한 달 대여하고, 차는 가지고 내려오셨단다. 친구와 한 달을 살면 그건 또 어떤 기분일까. 부대끼며 다정하고, 지치며 힘이 나겠지. 여행에 정답은 없다.

잘 먹으니 비로소 좋은 것들이 보인다. 하늘은 바다색이고 바다는 하늘색

이다. 구름이 넘실댄다. 구름이 많은 날엔, 그림 같고 소설 같은 그런 날엔 구름 위에 진짜 천국이 있을 것만 같다. 그리운 사람들 몇몇이, 구름이 가린 만큼의 햇살을 머리 위에 이고 지고 여기서 다 못 가진 행복을 그곳에서 넘치게 누리고 있을 거라고. 지지고 볶으며 살고 있는 나를 오히려 애달파하고 있을 거라고. 구름이 유난히 아름다운 날엔, 그렇게 믿고 싶다. 구름은 어쩌면 그리움이 변한 말.

　시장에 갔다. 함덕오일장은 1일, 6일. 오후 두 시가 넘으니 폐장 분위기다. 배가 고프다. 마무리 중이긴 하지만 비빔밥 정도는 괜찮다며 앉으라신다. 사장님 한 분, 직원 한 분. 시장의 언니들은 굳세고 화사했다. 정리하는 데 시간 꽤 걸리니 막걸리도 한 잔 하겠냐신다. 내 맘을 어찌 아셨지. 비빔밥이랑 멸치국수 먹으러, 오일장에 다닌다. 가격이 워낙 착해 감사한 마음에 매출에 도움 될까 싶어 막걸리도 시킨다. 나 좋자고만 먹는 건 아니에요. 로컬 경제 활성화라고나 할까.

울진 바닷가에 책방을 열고 싶다

   함덕에서 조천까지 걷는다. 바다 경치가 좋은 책방에 들렀다. 호기롭게 제주에일을 시켰다. 그것도 두 병이나. 서른 날의 여행은 거의 다 지나가고 친구들이 준 용돈은 아직 남아있으니 조금만 호사로워도 되겠지. 막걸리도 사실은, 조금 살짝 질려가는 중이라오.
   바다를 바라보는 책방은 책에 집중하기 힘들다. 바다와 맥주에 살짝 더 집중했다. 울진 바닷가에 책방을 열고 싶었다. 울진은 엄마와 아버지의 고향이다. 주업 이외의 아버지의 생은 술과 책으로 정리된다. 아버지에게 책은 우리만큼이나 귀한 것이었다. 행당동 달동네, 부엌 없는 허름한 집에 살

면서도 『세계문학전집』을 들이셨다. 중국과 비수교 중이었던 시절, 밀수로 들어온 책을 100만 원어치나 선뜻 사셨고, 『동아원색대백과사전』을 가장 먼저 구매해야 했으며, 『브리태니커세계대백과사전』 국내판의 가장 초창기 구매자였다.

　언제나 모든 것은 책에 밀렸다. 피아노를 배우고 싶어도, 미술을 배우고 싶어도 그 모든 것은 다 책에 있다 하셨다. 친구들이 미술학원으로 몰려갈 때 물끄러미 뒤를 바라보다 집을 향해 억지로 발을 돌리기도 했다. 돈도 없었지만, 아버지의 마음이 더 없었다. 그런 중에 책이 밥처럼 내게 들어온 것도 사실이다. 책으로 사랑을 주셨다. 하굣길 버스 내리는 길목 '양지서림'에 돈을 맡겨 놓으시곤 보고 싶은 책을 언제든지 들고 오라고 하신 일화를 언니들에게서 들었다. 저녁마다 먹을 것 대신 책을 한 권씩 사들고 들어오시던 아버지는, 이제 생각하면 좋은 아버지다. 어쩌면 그 한 권 한 권의 책이 모여 지금의 내가 됐을지도 모른다. 피아노나 미술보다 내 삶에 더 좋은 거름이 됐을 거라 생각한다. 나 역시 아버지를 닮아 술이 좋고 책이 좋다. 그래도 나는 책 밖의 세상도 못지않게 좋다. 책과 밖이 다 좋다.

  아버지와 엄마가 나고 살던 울진 바닷가에 책방을 열고 싶다. 창가엔 아버지의 진로 소주 두어 병과 엄마를 위한 국화 화분 하나를 두고 싶다. 창가에 앉아 매일 매일 엄마와 아버지를 생각해야지. 엄마를 조금 더 사랑해야지. 엄마, 나도 아버지를 닮아 책이 좋아요. 죄송하지만 술도 좋아요. 그래도, 책보다 술보다 엄마가 훨씬 좋아. 엄마, 그때 못한 말, 사랑해. 평온하세요.

잘한 일: 타인과 막걸리를 나누었다. 전도 나누었다. 남은 용돈으로 맥주 호사를 누렸다.

잘못한 일: 막걸리 집착, 경고! 좋은 경치를 다 놓쳤잖아. 비싼 맥주를 두 개나 먹었네. 16,000원 지출. 과해도 너무 과했다.

29일
토끼는 바다멍을 하고, 나는 토끼멍을 하고

　회사 직원이 가족과 제주에 온다고 했다. 저녁 무렵 애월에 도착할 텐데, 시간이 맞으면 저녁 식사 자리에 놀러 오란다. 잠시 고민했다. 만나면 얼마나 반가울까. 마음은 딴 궁리를 한다. 서쪽, 남쪽, 동쪽을 넉넉히 여행했으니 마지막 여행은 위쪽 바다에서 마무리하고 싶은데, 애월은 서쪽. 잠시 고민하다 접선을 포기하고 마음을 따라 반대쪽으로 걸었다. 관덕정 근처에서 시작해 올레 18코스를 걸었다. 제주항을 처음 보았고, 계단이 많은 사라봉을 오르내렸다. 지칠 대로 지쳤을 무렵 곤을마을 '곤을커피'에 앉아 별도봉을 바라보며 시원한 커피를 마셨다. 역시나 마지막 호사를 누렸다.

　나보다 앞서 힘차게 전진하는 올레꾼을 속도 내며 따라 걸었다. 젊고 건강해서 좋겠다, 청년. 뒤에서 나를 보며 젊고 건강해서 좋겠다고 생각할지 모를 그 어떤 어르신을 생각하며 없던 힘을 끌어모아 걸어본다. 삼양검은모래 해변엔 웨딩 촬영을 하는 연인의 모습이 모래와 대비해 화사하기만 하고, 아이에게 검은 우산을 씌워주는 어른이 있는 가족의 모습은 따스했다. 풍경을 완성하는 건 사람이다. 중간에 별도연대에 올라 점심 먹을 자리를 마련했다.

연대에 오르니 생각보다 널찍한 공간이 펼쳐진다. 간이 방석을 펴고 앉아 준비해온 김밥을 꺼내 먹었다. 뒤로는 마을의 골목이, 앞으로는 바다가 시원하게 펼쳐진다. 바람이 산들 불어 쓸쓸하던 마음의 자리를 다붓이 덮어준다. 이 좋은 곳에 오르지 않고 스쳐지나만 가는 사람들이 안타깝다. 빠른 걸음에서 놓치는 느린 제주를 느리게 원껏 즐긴다. 김밥이 편안하던 여행의 날들을 떠올려보았다. 김밥이 있어야 소풍이 완성되듯, 뚜벅이 나그네의 길이 부족하지 않게 김밥으로 채워졌다. 마지막 김밥과 막걸리로 최후의 성찬을 누린다. 가난하지만 나긋한 여행이 곧 막을 내린다.

이런 우연이. 애월로 온다던 지인이 계획을 바꿔 함덕 해녀식당에서 저녁을 먹는단다. 마침 서우봉에서 함덕 바다를 바라보며 토끼랑 놀던 참이었다. 토끼는 바다멍을 하고 있었고, 나는 토끼멍을 하고 있었다. 노을이 함덕을 잔잔하게 덮었다. 눈에 노을이 배도록 한참 바라보다 식당으로 향했다. 못 만날 뻔했는데, 우연찮게 목적지가 겹쳐 해후하게 되니 반가움이 두 배다. 짠! 건배를 하고 셀카를 찍어 회사 단체 톡 방에 올렸다. 고작 한 달의 여행 기간 중 친정 언니들이 오고, 친구들이 다녀가고, 남편이 놀러 오고 의도치 않게 회사 직원까지 만나게 되었다. 혼자인 듯 혼자 아닌 혼자 같은 여행, 조용하고 소란한 여행이었다. 잘 혼자가 되지 않는 감사한 삶인가 보다. 아껴주고

지지해주는 감사한 마음을 느낀다. 혼자 있고 싶다는 마음은 어쩌면 배부른 투정일 뿐인 걸까. 그래도, 아직은. 좀 더 필요해요. 혼자의 시간.

잘한 일 : 서우봉 입구까지 너무 멀어 택시를 타려다가, 열심히 걸었다. 걸으며 보는 마을 정경이 좋았으니 정말 잘한 일.

잘못한 일 : 김밥 먹다 울었다. 체할 뻔.

30일
이렇게나 빠른 여행 정산이라니!

날밤을 꼬박 새고 돌아간다. 돌아갈 일을 자연스럽게 받아들인다. 물 흐르듯 여행했고 흘러 흘러 다시 돌아간다. 이만하면 잘했고, 이만하면 좋은 여행이었다. 못한 일보다 잘한 게 더 많다. 벌주듯 왔지만, 상처럼 누리다 돌아간다. 왜 그리 꾸깃, 구겨져서 살았을까. 왜 그렇게까지 남을 먼저 생각하고 살았을까. 바꿀 수 없는 과거를 두고 애 끓이지 말고, 만들 수 없는 미래를 두고 속 끓이지 말자. 현재만이 의미 있다. 기운을 내보자. 사는 거 별거 아니다, 대단한 거 아니다. 오름 하나 오르듯 살아보는 거다. 꼬닥 꼬닥, 뚜벅 뚜벅.

여행을 마치고, 여행을 정산해 보았다. 회사 일 말고는 숫자를 맞추며 살아본 일이 잘 없다. 여느 때 같지 않게 돌아오자마자 엑셀 창에 교통비, 식비, 숙박비 등을 빠르게 정리했다. 계획이 많았고, 다짐이 많았던 여행이었다. 돈의 정산은 곧 계획과 다짐의 정산이었으며, 습관의 정산이자 마음의 정산이었다. 지출과 다짐을 나란히 정산해보니 '다짐'이 나름 흑자를 냈다. 생애 첫 유배, 수지맞았다.

대중교통을 잘 이용했다. 정말 어쩔 수 없을 때 택시를 타기는 했어도, 버스를 놓치고 50분을 기다려야 할 때에도 참고 기다렸다(그 시간이 또 하나의 여행이 되더라. 정류장 근처를 돌아보게 되니). 꽤나 많이 돌아다녔다. 얼마의 교통비를 썼을지 궁금했다. 정산해보니 22만 원 정도. 요즘 이삼일 렌트비도 20만 원이 넘던데. 알뜰하게 잘 다녔다. 세 걸음만 가도 자가용이든 택시든 집어 타는 내가, 이런 일을 해냈다. 지구에도 좋은 일이다. 나의 이동만을 위해 탄소발자국을 만들지 않았다. 자연과 함께 하다 보니 저절로 지구를 많이 생각하게 되었다.

외식과 낭비에 쩌든 식습관을 바꾸려 노 맛집, 노 카페를 베이스에 깔고, 김밥과 막걸리, 간단한 편의점 음식 등으로 한 달을 살았다. 베지테리언의 길에 조금이라도 가까이 다가가고 싶으니, 무조건 야채김밥(전복김밥, 흑돼지김밥 등은 쳐다도 안 봄). 익히 그 맛을 알고 있는 너무나 사랑스런 제주막걸리는 1,300원이나 1,400원 정도다. 배낭에 '김막'을 챙겨 다녔다. 그리고 '길막'을 했다. '중년 아지매가 길바닥 막걸리라니, 추하다 추해.' 할 수도 있겠다만, 그리 추하진 않았음을. 격렬하게 몰래 먹었음을.

막걸리는 1일 1막 선으로 최대한 조절했고, 조금 부족할 때에만 맥주 작은 1캔 정도를 더했다. 맥주를 줄이니 장에 탈도 현격히 줄었다. 라면을 줄이니 더더욱 속이 편했다. 혼자 지낸 시간에는 고기는 물론 해산물조차도 쳐다보지 않았다. 채식 지향의 식생활을 거의 완벽하게 구현했다. 김밥에 막걸리 위주의 식사를 하다 보니, 절약이 따라왔다. 한 달 식비는 이렇게 저렇게 계산해도 50만 원을 넘지 않았다. 가끔의 식당 밥과 막걸리나 커피 등을 포함해도 일일 평균 만 오천 원을 크게 넘지 않는다. 남의 살(고기, 회)을 먹지 않으니 마음이 평안했다.

경비를 아끼는 데에는 숙박비가 가장 중요했다. 1일 3만 원 이상을 쓰지 말자고 다짐했다. 꽤 여러 게스트하우스를 떠돌았는데, 정산해보니 87만 원 정도. 29박을 했으니 다짐한 바를 이루었다. 고생도 있었지만, 낭만이 더 많았다. 한 달을 떠도니, 마지막엔 꽤나 지쳤지만. 교통비와 숙박비를 여유 자금 100만 원 선에서 맞춰보려 했던 처음 계획을 얼추 달성했다. 잘 떠돌았다. 하루 2만 보 가깝게 걷고 들어오니 10시도 안 돼 뻗었다. 야식 같은 건 발생할 수 없는 시간. 새벽 6시 경이면 눈이 떠진다. 10분 안에 일어나 일출을 보거나, 산책을 하거나, 책을 읽거나, 그날그날의 여행을 계획했다. 책에 대한 집착도 줄었다. 걷는 것도 세상을 읽는 거라고 생각했다. 많이 걸으니 SNS 볼 여유도 잘 없었다. 내적으로나 외적으로나 건강해지는 시간이었다. 자유로이 내 뜻대로 흐르듯 걷고 먹고 놀아도 되는 시간이었다. 그러다 보니 심장도 느려졌다. 실수를 해도 불안하지 않았다. 수습할 수 없을 만치의 큰 실수는 사는 데 그리 많지 않다는 것을 깨달았고, 미리 당겨서 불안해하지 않았다.

손님을 맞은 일주일 여의 여행은 다짐대로의 여행이 아닌, 배려하는 여행일 수밖에 없었다. 나머지 3주의 여행을 정산해 평균을 내고, 그 평균치를 일주일에도 적용해 합산했다. 온전한 유배여행 정산이라고 할 수는 없지만, 회사나 나라에 정산해서 돈 주고받을 일도 아닌데. 이만하면 잘했다고 해두자. 손님 온 동안 잘 먹고 잘 자고 자가용 잘 타고 다닌 정도는 잘 모신 노고에 대한 상이라고 해두자. 합리화해두자.

아직도 유배는 유효하다. 여전히 기상 후 10분 이내에 걷거나 읽거나 살림을 살핀다. 술 욕심과 야식 욕이 서서히 살아나고는 있으나 전에 비하면 미미하다. 깊은 밤 허할 때 우유를 데워 마시는 일은 예전 같으면 상상도 할 수 없는 일이다. 채식에 관해서는 조금 더 노력 중. 평화로운 식재료로 이루어진 평화로운 식생활을 염원한다. 길과 들과 산과 바다에 정이 드니 지구에 더 큰 책임을 느끼게 되었다. 지금은 반백수 생활 중이지만, 무슨 일을 하게 되든 지구에 도움이 되는 사람으로 살아볼 작정이다. 사는 게 허망할 때가 많은데, 이제는 사는 보람을 거기서 찾고 싶다. 또 다른 유배를 꿈꾼다. 일상으로부터의 격리, 철저히 혼자가 되어보는 시간을 통해 가장 깊은 곳의 나를 만난다. 너무 다운될 때는, 유배를 떠나자. 나에게 위로를 건네고 어긋난 곳을 바로잡을 수 있었던 차분한 시간. 50세 제주 유배 30일이었다.

프롤로그 같은 에필로그

- 부록 같은 본론

사실은 쓰지 않으려던 글, 그런데 미치게 쓰고 싶은 글.
취중에 흘리듯 써 내려가 봅니다.
쓰지 않고는 지금의 나를, 나의 여행을 다 설명할 수 없으니까요.

사실은 다 이유가 있다. 죽도록 맘에 안 들게 못난 사람이 돼버린 이유, 누군가 옆에 있는 게 불편한 이유, 나쁜 습관이 든 이유, 곁의 사람을 외롭게 만드는 이유, 아무도 그립지 않은 이유, 관계에 지친 이유, 더는 공감하고 배려할 에너지가 남아있지 않은 이유, 그래서 결국, 좀 오래 떠나지 않고는 못 배길 이유가 실은 있다. 이별 중이다. 지독한 이별 중이다. 긴 이별 중이다. 속죄 중이다. 끝이 있을 리 없는 고해 중이다. 업을 푸는 중이다. 격랑의 소용돌이 속에서 중심을 찾아가는 중이다. 다시 건강한 사람으로 살아보려 애쓰는 중이다.

유배의 시작엔 친구가 있다

그 모든 이유의 처음엔 친구가 있다. 나는 원래 이런 사람이 아니었다. 이렇게 매일 슬픈 사람이 아니었고, 죄의식에 갇힌 사람이 아니었으며, 혼자보다는 함께가 당연했던 사람이었다. 나를 찾는 사람은 끊이지 않았고, 그 부름을 채워주는 것이 나의 기쁨이었다. 모든 관계에 성실했고, 친구들에겐 더욱 충실했으며 어디서든 핵심이었다.

어느 날 갑자기 친구가 떠났다. 스무 해 넘게 절친이던 친구가 차츰 소원해지다 한 번의 다툼으로 다섯 해 이상 등을 돌렸고, 그리 살던 중에 갑자기 생을 버렸다. 부모님과의 이별을 다 겪고 난 후였지만, 그보다 훨씬 아팠다. 등 돌리고 산 시간만큼 멀어진 게 아니었다. 돌아선 시간만큼 애틋함과 그리움, 죄책감이 쌓여 말할 수 없이 아팠다. 아픔은 칼날이 되어 안으로는 마음에, 밖으로는 관계에 깊은 상처를 남겼다. 나도 사랑하지 않고 남도 사랑하지 않는 사람이 되어버렸다. 7년의 시간이 지났으나 여전히 티 나지 않게 아프고 티 내지 못해 곪았다. 시간이 필요했다. 나를 돌아볼 시간. 친구를 오래 깊이 되새길 만한 시간. 곪은 자리를 살피고 부정적인 생각으로 가득 찬 나를 객관적으로 바라볼 시간. 한없이 가라앉은 마음을 일으킬 시간. 죄가 있다면 꾸짖을 시간. 다 못한 말이 있다면 하늘에라도 바다에라도 술술 꺼내놓을 만한 시간. 그래서 떠나왔다. 유배의 시작엔 친구가 있다.

슬픔의 시작, 죄책감의 시작에 친구가 있다

슬픔은 습관이 되어버렸다. 슬픔을 먹는 하마였다. 아프고 힘들고 슬프고 고통받을 때 친구들은 나를 찾았다. 나는 잘 들어주는 사람이었고, 같이 아파하는 사람이었다. 친구는 그중 가장 슬픈 사람이었다. 친구의 삶은 애달팠다. 엄마도 아버지도, 형제도 없었다. 가난해도 씩씩했고, 씩씩했지만 가난했다. 친구에겐 내가 자매였고, 나의 언니들이 또한 그의 언니였으며, 나의 오빠와 남편이 그의 오빠였다. 내가 많은 것을 나누는 만큼 친구도 나에게 헌신했다. 나의 아이들을 나보다 더 귀히 여겼다. 아이들 입에 먹을 것이 들어가면 가슴이 벅차도록 행복하다며 내가 해주지 못하는 먹을 것들을 수시로 해주었다. 나보다 더 잘 안아주고, 잘 업어주고, 잘 놀아주던 엄마보다 나은 이모였다. 차를 빌려와 돌쟁이 아가랑 나를 태워 북한강으로 내달려 주던 친구였다. 아이 낳고 스키장을 한 번 못 간다고 투덜대면 득달같이 달려와 아이들을 봐주었다. 일 때문에 갈 수 없었던 엄마참여수업 때 아들의 옆자리에 앉아주고 딸의 초등학교 예비소집일에 손 붙잡고 가주던 친구였다. 백일잔치, 돌잔치, 집들이, 시부모님 환갑잔치 등, 집에서 치러야 했던 모든 행사에 늘 곁을 지켜주던 친구였다. 내가 당황해하는 모든 일을 수습해주던 친구였다. 친정에서 남은 명절을 보낼 때에는 친구도 함께 했다. 내가 아는 모든 사람을 공유하고, 나만큼이나 나의 사람들을 아끼고 살피던 사람이었다. 사랑받고 크지도 않았으면서 어찌 그리 사람을 사랑할 수 있었을까.

이따금 나는 주제 넘는 말을 했다.

"누구나 한 가지씩은 복을 타고 나게 돼 있어. 내가 너의 복이야. 죽을 때까지."

가진 게 없는 친구에게 위로라고 했던 말이다. 지금도 나의 마음을 찍어 누르는 말이다. 그런 말을 해놓고 나는, 친구를 손절했다. 편협한 잣대로. 날카로운 경계로. 시간이 조금 지난 후에라도 감싸주었으면 좋았을 텐데. 나는 5년이 넘도록 외면했고, 친구는 내게 다가오지 못했다. 그 세월 내내 친구는 나와 우리 아이들, 나의 사람들을 그리워했단다. 나는 친구 하나를 잃었지만, 친구는 나로 인해 친구의 삶을 의미 있게 해주던 많은 사람을 잃었다.

친구의 장례식장에서, 혹은 훗날 친구가 뿌려진 나무 앞에서 이따금 같은 말을 들었다.

"네가 곁에 있었더라면, 이렇게까지 되진 않았을 텐데."

나는 그런 죄를 지었다. 죽이지 않았다. 나로 인해 죽은 것도 아니다. 그러나 죽게 내버려 두었다. 떠나기 1년 전쯤 뚝 끊겼던 전화가 왔을 때, 안 좋은 예감을 느끼기도 했다. 다른 친구에게 연락해 잘 좀 챙겨주라 부탁하고, 1년을 더 외면했다. 알고도 고개 돌린 죄를 더했다.

그 전의 나와 그 후의 나는 다르다. 충실하던 관계에 의욕을 잃었다. 더는 타인의 말에 귀 기울이고 싶지 않다. 나는 모든 것이 피곤하다. 감정의 바닥엔 늘 슬픔이 깔려 있고, 죄의식은 사라질 만하다가도 사라지려는 게 또 죄스러워 덧셈이 돼버린다. 눈물은 줄었지만, 죄책감은 덜어지지 않는다. 내게 오고 싶어 하는 마음을 알았으면, 그때 오게 했어야 했다. 슬픔과 죄책감의 시작에 친구가 있고, 오지 못한 친구를 만나려 이따금 길을 떠난다.

> **잘한 일:** 가족이 없는 친구에게 가족이 돼주었다. 나의 가족을 내주었다. 애도해 줄 이 없는 친구를 오늘도, 내일도, 아주 오래 애도할 것이다.
> **잘못한 일:** 다툼 후 내 상처가 크다고 외면했다. 회복의 노력을 하지 않았다. 그 마음을 알고도 내게 오라 하지 않았다. 친구에게 가족이 될 만한 모든 사람을 앗았다. 위태로운 줄 알고도 모른 척했다. 아, 속이 시원하다. 또박또박 죄가 보인다. 오래 속죄할 일이다.

김밥의 시작에도 친구가 있다

  한동안 김밥을 먹을 수 없는 날들이 있었다. 세상에 없을 것 같던 친구가 정말로 세상에서 없어져 버린 후 김밥은 눈물겨운 음식이었다. 목젖을 턱 막는 음식이었다. 아이들 소풍날이면 친구는 먼 데서부터 달려와서 김밥을 말아주고 출근하곤 했다. 사랑하는 사람들에게 수시로 김밥을 건넸다. 날씨 좋은 날 보자기에 김밥 도시락 싸 들고 사랑하는 사람과 소풍 가고 싶다 했다. 김밥의 속 재료마다 하나하나 정해둔 상표가 따로 있을 만큼 디테일하게 김밥을 말았다. 내가 석 줄 마는 동안 열일곱 줄을 마는 손 빠른 친구였다. 세

줄과 열일곱 줄을 앞에 두고 깔깔 웃었다. 먹을 때마다 김밥에 목이 메었고, 친구에게 갈 때마다 김밥을 사 들고 갔다. 김밥과 커피우유와 소보로빵과 단팥빵. 떠난 지 7년, 언제부터인가 다시 김밥을 먹을 수 있게 되었다. 여행의 가운데에 부러 김밥을 끼워 넣으며 함께 하는 것처럼 여행했다. 어쩌다 어긋났고, 어쩌다 이별이 되었다. 우리, 꽤 좋은 날을 함께 할 수 있었을 텐데. 친구야. 너의 김밥은, 언제나 최고였어.

절의 시작에도 친구가 있다

여행 중에 절에 들러도 오래 머무는 편은 아니었다. 관광객의 시선으로 휘돌아보고 사진 몇 장 찍고 나가는 게 다였다. 지금은 절이 좋다. 가장 편안하다. 목탁 소리가 울리면 더 좋다. 스님이 불경을 읊어주시면 무슨 말인지 몰라도 좋다. 잘했어요, 괜찮아요, 그만하면 됐어요, 그렇게 들린다. 그렇게 듣고 싶다. 그러다 울 때도 있다. 울고 나면 마음이 갠다. 내가 덜 미워진다.

부모님의 고향인 울진에 친구와 자주 갔었다. 죽변항에서 대게를 먹고, 덕구온천에서 내 아이들을 하나씩 맡아 뽀얗게 씻기고, 봉평이나 온양리, 망양

앞바다에서 아이들을 놀렸다. 나와 멀어진 후에도 친구는 울진을 자주 갔다고 한다. 퇴근 후 늦은 밤길을 달려 덕구온천 아래 모텔에서 하루 자고 쉬고 돌아오기를 자주 했단다. 친구 생각으로 혼자 울진을 오가다 불영사에 들렀다. 산신각 옆 계단에 오래 앉아 놀고 연못의 노랑 어리연꽃을 바라보며 놀았다. 부처님의 그림자가 비친다는 연못엔 다른 이의 그림자가 어렸다.

이제는 자주 절에 간다. 절에 가면 세 번 절하며 세 가지를 고하고 청한다.

"잘못했습니다."

"친구를 품어주세요."

"살아갈 지혜를 주세요."

다른 바람은 없다. 소원을 들어주는 자리라고 생각하지 않는다. 잘못을 고하고, 내 잘못에 저물어간 그 사람을 위해 기도하고, 그 나머지 내가 조금은 지혜로워져 더는 죄를 짓지 않기를 소망할 뿐이다. 친구를 위해 절에 가고, 절에 가면 사는 게 조금 쉬워진다.

매일 하는 술의 시작에도 친구가 있다

 괴로웠다. 남에게 털어놓을 만큼의 융통성도 없었다. 친구랑 등 돌린 후 혼자 술을 먹었고, 친구가 떠난 뒤 매일 술을 먹었다. 나를 미워하고 싶어서, 벌하고 싶어서 혼자일 땐 늘 나쁜 식사를 했다. 그만하면 친구에게 너무 잘한 거라고 다들 위로했지만 공허했다. 술을 먹고 못된 식사를 하고 잘 못자고, 격한 꿈을 꾸며 죄에 비해 약한 벌을 받았다. 그러다 어느덧 그 모든 게 습관이 되었다. 나쁜 밥도, 나쁜 술도, 나쁜 잠도 친구와는 별개의 습관이 되어버렸다. 친구 생각이 잦아들어도 나쁜 습관은 나를 잡아먹고 있었다. 아버지가 돌아가시던 날 장례식장에서 소주는 절대 먹지 않겠다고 다짐했다. 소주는 아버지를 잡아먹고 엄마와 언니들을 괴롭혔다. 술이 나를 잡아먹지 않았으면 좋겠다. 지혜롭게 마시며, 지혜롭게 친구를 앓고 싶다. 오래 갈 슬픔이고 죄책감이라면, 술을 벗 삼아 잘 보듬으며 살아가고 싶다. 여행에도 술이 함께 했지만 과하지 않았다. 다정한 벗처럼 함께 다녔다. 딱 그만큼이면, 좋겠다, 술.

남편이 미워진 그 처음에도 친구가 있다

친구를 보내고 두 달이 채 되지 않았던 어느 밤. 짐승처럼 우는 나를 두고 남편이 나가버렸다.

"산 사람은 살아야지. 언제까지 이럴 거야?"

소리치고 뛰쳐나간 남편을 용서할 수 없었다. 나는 그때 산 사람이 아니었다. 죽어가듯 우는 나를 그 밤에 그렇게 버려두었다. 그 후 울음을 참았다. 참던 울음이 어느 순간 차오르면 장롱에 머리를 박고 울었다. 짐승의 머리를 장롱에 박고 우는 나를 어느 밤 딸이 찾아냈다.

"엄마. 울고 싶으면 그냥 울어. 나한테 기대서 울지, 왜 여기서 그러고 울어~"

덜 여문 딸의 어깨에 머리를 기대고 울었다. 그날 이후 나는 장롱에 머리를 박고 울 수도 없었다. 딸을 걱정시키고 싶지 않았고, 남편과 아들에게도 멀쩡한 사람이어야 했다. 그 밤 나를 품어줬더라면, 조금은 성숙하게 슬픔을 삭일 수 있었을 텐데. 누군가의 옆에서 울 수도 있었을 텐데. 꺼내놓지 못하고 곪은 마음으로, 젖은 걸레 같은 슬픔으로 살아가지 않을 수도 있었을 텐데. 거기서부터 남편에게서 멀어지기 시작했고, 멀어지고 나니 우리는 작은 문제에도 쉬이 꼬였다. 예전 같지 않다고 볼멘소리를 할 때마다 내 안의 무언가가 죽었다고 번번이 털어놓아야 하는 것은 고역이었다. 나는 그저 세상이 싫은 건데, 왜 자기를 싫어하냐고 따지는 이에게 번번이 해명해야 하는 것은 힘든 일이었다. 미움은 그 날 그 밤에 시작되었다.

혼자 하는 여행의 시작엔 친구가 있다

 울 자리가 필요했다. 울고 싶었다. 목을 놓아 울고 싶고, 다 내가 잘못한 거라고 꺼이꺼이 울고 싶었다. 익숙한 곳, 익숙한 사람 옆에서는 울 수가 없어 울 자리를 찾아 길을 떠났다. 차 안에서 울고, 바다 앞에서 울고, 숙소에서 울고, 눈 뜨며 눈 감으며 울 수 있는 그런 시간이 필요했다. 그런 시간을 가지려 혼자 하는 여행을 시작했다. 남 보기엔 누리는 시간이고, 나에게는 견디는 시간이었다.
 아직은 누구와도 속을 나누지 못한다. 같은 것을 잃어본 사람만이 그 슬픔을 나눌 수 있다. 공범자만이 같은 죄의식을 나눌 수 있다. 가족 같은 친구, 이미 가족인 친구를 잃은 사람은 내 주위에 없고, 알량한 판단으로 그런 친구를 저버린 사람도 없다. 누구든 먼저 친구의 이야기를 꺼내면 태연한 척해도 부대낀다. 사춘기 시절 엄마 같은 이모를 잃어 못지않게 아팠을 아이들과도 친구의 이야기를 나눈 적이 없다. 그래야 하는데 그러지 못한다. 어쩌다 친구를 톡이나 문자에 언급해야 할 일이 있으면, 온전히 그 이름을 다 적기가 힘들다. 'ㅎㅇ'이라 자음만 겨우 적는다. 그 이름을 입에 올릴 수도, 글자로 옮길 수도, 속을 꺼내 나눌 수도 없는. 툭 건드리면 터질 것만 같은 불안한 감정이었다. 혼자가 되어야 슬퍼도 편안했고, 죄스러워도 편안했다. 충분히 애도할 수 있었다. 그런 마음으로 시작한 혼자 하는 여행이 지금은 꽤나 평온해진 게 사실이다. 견디는 시간만큼 누릴 수 있게 됐고, 지금은 대개는 누리다 이따금 떠올리고 조금 운다. 친구야, 요즘은 덜 운다. 미안해.

내 모든 방랑은 너를 향한다. 그곳에 있어줄래?

아직도 더 많은 시간이 필요하다. 이별은 둘이 함께 하는 것인데, 일방적으로 떠나가 버린 사람 뒤에 남은 사람은 황망함과 당황스러움을 견디기 힘들다. 떠난 사람과 남은 사람 중, 누가 더 고통스러울까. 떠난 사람은 더 큰 고통을 안고 떠났지만, 떠나는 순간 그 고통도 끊어진다. 남은 사람은 살아있는 시간만큼 고통을 안고 살아간다. 바깥을 향해서는 건강한 모습을 드러내지만, 안으로는 떠난 이에게 골몰한다. 어쩌면 내가 너를 살릴 수 있었는데. 우리가 사실은 지금쯤 정말 좋은 벗이 될 수 있었는데.

  언제나 너를 향해 방랑해. 내가 닿는 자리에 구름으로 머물렴. 노을로 물들고 바람으로 스치렴. 지켜주지 못해서 미안해. 여행이 다 너를 위한 것이었다고 말할 수는 없지만, 그렇다 하기엔 누린 게 너무 많지만. 그래도 혼자 하는 여행은, 대개는 이별의 여정이야. 이별과의 투쟁이야. 이 글은, 이 여행

은 실은 다, 너와 이별하는 여정이야.

　아주 오랜만에 묵묵히 이별의 시간을 살았다. 때로는 누군가와 이별하려, 메마른 유배의 시간을 가져도 좋겠다. 이따금 좋은 자리에 친구의 의자를 놓는다. 내가 바라보는 같은 방향으로 의자를 놓는다. 친구의 손때가 묻은 의자다. 손때 묻은 물건을 가진다는 건 그 사람의 손이 닿은 시간을 간직하는 것이다. 그 손의 온기를 받는 것이다. 투박하고 덜 가지런한 손바느질로 친구가 만든 장난감 의자를 보며 '마음만은 이영애'라던 손바느질처럼 투박하던 친구를 떠올린다. 함께였다면 참 좋은 여행 친구가 되었을 사람. 나와 함께 가는 곳은 어디든 좋다고 말하던 사람. 오십 살에 서른 날의 제주 여행을 함께 했을 법한 사람. 좋은 자리에 의자를 놓고 부질없는 마음을 거기에 앉힌다.

　김밥과 술과 의자와 함께 여행했다. 여행은 이별에 좋다. 친구에서 시작해 몹쓸 사람이 돼버린 내가 괘씸해서, 한편으론 또 안쓰럽기도 해서 벌 같고 상 같은 서른 날의 여행을 다녀왔다. 달라진 것도 없지만, 똑같지도 않다. 이별의 별자리를 한 별, 한 별 꼭꼭 밟아 건너는 중이다. 별 너머에는 이제야 평화를 찾은 친구가 있을 것이다. 방랑 같은 여행을 통해 이별도 담담해지고 사는 일도 느긋해진다. 더는 이별을 핑계로 후지지 않겠다고, 친구에게 될 리 없는 약속을 해본다.

보리야, 리움미술관 가자.

올댓재즈도 가자.

현대미술관도 가자.

과천 어린이대공원도 가자.

울진도 가자. 충주도 가자.

그냥 너랑은 어딜 가도 행복하더라.

오늘이 8월 마지막 날이구나.

9월이 되면 더 더 같이 있자. 더~ 더~ 더~

지루했던 여름의 끝자락,

그냥 서운해서 몇 자 끄적거려 본다.

여름이 싫지만 그래도 아쉽네.

(2006년 8월 31일 싸이월드 친구의 글)

넌 내 인생에 최고의 은인이었고, 친구 그 이상이었어.

(2014년 4월 친구의 문자. 떠나기 일 년 전쯤)

표현하지 않은 감정은 절대 죽지 않는다.
산 채로 묻혀서 나중에 더 추한 모습으로 등장한다.
정작 중요한 감정은 몰래 숨어있을지 모른다.

- 지그문트 프로이트

221
프롤로그 같은 에필로그

작가의 말

다시 제주입니다. 제주에서 연 글을 제주에서 매듭지을 수 있으니 더없이 좋습니다. 한파가 기세를 떨치고 있는 요 며칠, 그래도 제주는 좋기만 합니다. 춥고 화사해요. 새해 다짐을 잘 하지 않는 편인데 웬일로 결심이 다 생겼습니다. 올해는 딱 한 가지 일에만 연연하려구요. 올레를 다 걸어볼 참입니다. 1코스, 2코스를 이제 막 다 걷고 왔습니다. 올레 패스포트에 스탬프를 찍고 완주증서를 보이는 남들의 일을 실은 가벼이 봤더랬지요. '걷는 일에 무슨 증명이 필요해.' 그런 불퉁한 생각. 걸어보니 알겠더라구요. 걷는 일을 증명하는 것은 밖이 아닌 나를 향한 것임을. 나를 향해 나를 증명하는 것은 오십 즈음에 꼭 필요한 일입니다. 오뚝 설만 한 힘이 됩니다.

오십은 너무 젊지도 않고 너무 늙지도 않아, 숨어있던 자아를 꺼내 보기 좋은 나이입니다. 과거에서 너무 멀어지지 않아 지나간 상처를 다독일 만하고, 살아갈 날도 적당히 남아있어 의지를 다질 만도 합니다. 나와 온전히 마주할 수 있는 시간, 자연과 섬세하게 만날 수 있는 시간을 내주면 좋겠습니다. 부끄러움에 시작한 소심한 걸음이 그런 시간을 지나 글이 되고 책이 되었습니다. 제주가 좋고 여행이 좋은 누군가에게 읽힌다면 조금은 덜 부끄럽겠지요. 생각지 못한 이별로 아픈 이에게 얕은 공감으로라도 닿을 수 있다면, 이제 막 오십을 넘겨 황량하고 불안한 누군가에게 느슨하게라도 연결될 수 있다면, 그만하면 글 짓고 책 지은 이번 일은 큰 보람이 됩니다.

"부끄럼 많은 생애를 보냈습니다."

다자이 오사무의 소설 『인간실격』의 첫 문장입니다. 부끄러워 여행을 떠났다는 말로 저 역시 글을 열었지요. 오마주라고 해도 좋을 만치 깊이 박힌 문장입니다. 제가 바라보는 제가, 제 삶이 그랬거든요. 소설의 주인공 '요조'와 저를 동일시하며 읽었습니다. 약해 빠진 마음과 쓸데없이 과도한 감성, 무기력한 태도, 비관적인 시선, 내면을 감추려는 희극적인 행동. 그 모든 게 부끄러워 떠난 여행이었으니, 소설의 문장을 좀 따라 써도 되겠지요. 부끄러워 떠났고, 그 부끄러움을 차츰 극복해 가는 여행기를 쓰려 했는데, 결국 엔딩은 더 부끄럼 많은 고백이 되고 말았습니다.

의도치 않게 글이 흘러가 버렸어요. 묻어둔 일을 구구절절 꺼내고 말았네요. 다시 주워 담고 싶지만 그럴 수 없었어요. 그러자니 글이 다 거짓말이 돼 버리는 것 같고, 의도치 않게 쏟아져 나온 글은 앞의 글을 다 삼킬 듯 스스로 기세 좋게 타오르고 있더라구요. 내가 글을 낳은 게 아니라 글이 나를 낳은 것처럼, 굴을 파고 웅크러져 있는 꾸깃한 자아를 글이 밀어내 주었습니다. '부끄러운 삶은 그때 시작됐고, 유배의 처음엔 친구가 있다.'는 말을 하고 싶어 여행을 시작하고, 글을 시작했나 봅니다. 가까운 이들에겐 아닌 밤중에 홍두깨 같은 소리겠지요. 명랑한 사람이었으니까요. 저에게 명랑함은 상대에 대한 배려이자 예의와도 같은 것이었습니다. 앞으로도 그럴 거예요.

안으로 웅크러드는 마음을 숨기고 명랑한 예의로 상대를 배려하겠습니다. 그럴 수 있고 그러고 싶어요. 스스로에 관해 꽤 부정적인 편이지만, 그런 태도는 칭찬해줄 만하지 않나요. 칭찬해주세요.

'우리는 서로의 이야기꾼이 되어야 한다.'고 시인 메리 올리버는 말했습니다. 아직도 이야기가 많습니다. 당신에게도 이야기가 많지요. 이야기가 될 만한 삶을 살고, 서로의 이야기꾼이 된다면 좋겠습니다. 읽어주셔서, 감사합니다. 하찮은 글이 읽혀져 괜찮은 글이 됩니다. 읽고 쓰는 사람으로 영영 살겠습니다. 불량주부는 이제 그만, 선량하고 한량하고 명랑한 글꾼으로 살아보겠습니다. 살아갈 기운이 납니다. 아, 언제고 저를 만난다 해도 딱히 위로해주실 필요는 없습니다. 저는 여전히 명랑한 배려로 관계를 잘 이어가겠습니다. 괜찮은지 묻지도 마시고, 술이나 한 잔 다정히 따라주세요. 명랑하게 원샷, 조금 더 밝아지겠습니다. 제주를 다 걷고 난 후 또 한 번의 안부를 전할 수 있다면 좋겠습니다. 오십엔, 제주가 제철입니다. 여행이 제철입니다. 주저 말고, 떠나셔요. 저절로 술술, 잘 풀릴 거에요. 여행도, 인생도.

불량주부
명랑제주
유배기

초판1쇄 2022년 3월 18일 **초판2쇄** 2022년 4월 15일 **지은이** 김보리 **펴낸이** 한효정 **편집교정** 김정민 **기획** 박자연, 강문희 **디자인** purple **표지 일러스트** 김예지 **마케팅** 안수경 **펴낸곳** 도서출판 푸른향기 **출판등록** 2004년 9월 16일 제 320-2004-54호 **주소** 서울 영등포구 선유로 43가길 24 104-1002 (07210) **이메일** prunbook@naver.com **전화번호** 02-2671-5663 **팩스** 02-2671-5662
홈페이지 prunbook.com | facebook.com/prunbook | instagram.com/prunbook

ISBN 978-89-6782-157-9 03910
ⓒ 김보리, 2022, Printed in Korea

값 15,500원

이 도서의 국립중앙도서관 출판예정도서목록(CIP)은 서지정보유통지원시스템 홈페이지(http://seoji.nl.go.kr)와 국가자료공동목록시스템(http://www.nl.go.kr/kolisnet)에서 이용하실 수 있습니다.

이 책은 저작권법에 따라 보호받는 저작물이므로 무단 전재와 무단 복제를 금지하며,
이 책 내용의 전부 또는 일부를 이용하려면 반드시 저작권자와 출판사의 서면 동의를 받아야 합니다.